《坛经》作者和版本甄别

马永红 著

四川大学出版社
SICHUAN UNIVERSITY PRESS

图书在版编目（CIP）数据

《坛经》作者和版本甄别 / 马永红著. — 成都：
四川大学出版社，2023.5
ISBN 978-7-5690-5840-6

Ⅰ. ①坛… Ⅱ. ①马… Ⅲ. ①禅宗－佛经－中国－唐
代②《坛经》－研究 Ⅳ. ① B946.5

中国版本图书馆 CIP 数据核字（2022）第 246526 号

书　　名：《坛经》作者和版本甄别
　　　　　《Tanjing》Zuozhe he Banben Zhenbie
著　　者：马永红

选题策划：毛张琳
责任编辑：毛张琳
责任校对：张宇琛
装帧设计：墨创文化
责任印制：王　炜

出版发行：四川大学出版社有限责任公司
　　　　　地址：成都市一环路南一段 24 号（610065）
　　　　　电话：（028）85408311（发行部）、85400276（总编室）
　　　　　电子邮箱：scupress@vip.163.com
　　　　　网址：https://press.scu.edu.cn
印前制作：四川胜翔数码印务设计有限公司
印刷装订：四川省平轩印务有限公司

成品尺寸：170mm×240mm
印　　张：11.25
字　　数：171 千字

版　　次：2023 年 5 月 第 1 版
印　　次：2023 年 5 月 第 1 次印刷
定　　价：58.00 元

扫码获取数字资源

四川大学出版社
微信公众号

前　言

　　六祖慧能大师创立的禅宗，是中国佛教史上影响最大的宗派。作为禅宗传法经典的《坛经》，集中体现了慧能的禅法思想，是中国人撰写的唯一一部被称为"经"的佛教典籍。这足以奠定慧能《坛经》在中国佛教史上的地位，但正因如此，《坛经》才屡遭厄运。[①] 尽管学术界围绕《坛经》的诸多问题做了很多研究，成果颇多，但对于《坛经》的主要问题，至今仍争论不休，难以对《坛经》进行本质性把握。这些问题主要集中在三方面：《坛经》的作者、《坛经》的版本以及《坛经》的思想。这一系列的问题引起了学术界持续而热烈的讨论，形成了所谓的"一代学术公案"[②]，成了覆盖在《坛经》文本上的"云雾"，有待驱散。从总体上看，目前对《坛经》的各种校勘和整理，仍存在不同程度的不完善，因而对《坛经》的整理工作还远未完成，对《坛经》的研究更是任重而道远。[③] 本书试图通过对敦煌本《坛经》进行深入研究，运用文学、语言学、心理学、哲学、宗教学等各领域的知识，对《坛经》的作者和版本正本清源，为系统梳理慧能思想做铺垫，以展现《坛经》大乘思想的清楚脉络，使至今仍困惑世人的诸多问题得到解决，还原禅宗的本来面目，展现慧能的真实思想，维护禅宗在中国佛教中的主体地位。

　　与《坛经》相关的论文和著作大量呈现于世，"《坛经》的通行本和

---

① 方广锠：《关于敦煌本〈坛经〉》，广东新兴国恩寺编《〈六祖坛经〉研究》（四），北京：中国大百科全书出版社，2003年，第188页。
② 张曼涛：《六祖坛经研究论集·本集编辑旨意》，台北：大乘文化出版社，1976年。
③ 洪修平：《关于〈坛经〉的若干问题研究》，《世界宗教研究》1999年第2期。

敦煌本一共不过三万多字，而近几十年来学者们研究《坛经》及慧能历史的文章，其字数恐怕要超出《坛经》的几十倍以至上百倍。这种学术盛况，在古今中外的文化史上罕有其匹"①。《坛经》研究虽然成果丰厚，然而都没有对文本进行深入的"见性"研究，一直缺乏明确而强有力的论证，难以对《坛经》作者和版本进行真伪鉴别，亦未能对敦煌本《坛经》加以最后认定。《坛经》作者究竟是慧能还是神会，对此问题学界还没有得出最后的结论，尽管通常认为是慧能，但尚未从"见性与否"这个根本问题上作出辨别。《坛经》版本甚多，真伪难辨，难见慧能真实思想，正如洪修平所说："真可谓五花八门，令人眼花缭乱。"② 敦煌本《坛经》的发现引起了学术界广泛的关注，不少学者认为敦煌本才是最古的真本，但目前学术界还未能得出最终的结论。后世僧人没有明心见性，所改写的版本见性（慧能的见性思想）与非见性（改写者的非见性思想）混杂，使人难辨真伪。

本书对敦煌本《坛经》做了深入的文本分析，试图将慧能思想与神会思想进行"见性"对比，从而辨别出谁是《坛经》的真正作者，并将敦煌本《坛经》与通行的三种版本进行比较，从中甄别出见性之本——敦煌本，以帮助学术界最终认定敦煌本《坛经》就是目前发现的诸多版本中最古的原始真本。本书指出，慧能所说之《坛经》是见性之法，而神会并没有真正见性，对两人思想见性与否进行分析，就可以鉴定《坛经》的作者。敦煌本《坛经》现有六种抄本，本书对其中三种完整的抄本进行了文字比对，断定敦煌本《坛经》原本已散佚，而《坛经》祖本（除去敦煌本附益部分）也已散佚。杨曾文在其"《坛经》演变示意图"中也认为两本都不复存在。③ 然而，通过对敦煌本《坛经》各抄本进行文字对勘，就可以基本上还原《坛经》祖本的面貌。无论对研究者还是修行者来说，认定《坛经》真正的作者，确定正确的版本，统一认识慧

---

① 净慧：《关于慧能得法偈的再探》，《法音》1987 年第 6 期。
② 洪修平：《关于〈坛经〉的若干问题研究》，《世界宗教研究》1999 年第 2 期。
③ 参见杨曾文：《敦煌新本〈六祖坛经〉》，北京：宗教文化出版社，2001 年，第 314 页（或见附录五）。

能的真实思想，都是有所裨益的。所以，必须从文本出发，运用各领域知识，进行全面深入的分析与研究，才能澄清《坛经》作者及版本问题，而这绝非只注重考据工作所能做到的。

　　本书以敦博本、斯坦因本和旅博本进行比对后还原的敦煌本为蓝本①，其他三本如惠昕本、契嵩本和宗宝本皆依照郭朋的《〈坛经〉对勘》②，同时参看日本驹泽大学禅宗史研究会编著的《慧能研究》和日本柳田圣山编著的《〈六祖坛经〉诸本集成》。兴圣寺本、大乘寺本和德异本以《慧能研究》中对应的三本为主，同时对照了《〈六祖坛经〉诸本集成》相关版本。真福寺本以王孺童《〈坛经〉诸本集成》中的真福寺本为蓝本③，天宁寺本则以《〈六祖坛经〉诸本集成》中的天宁寺本为底本。对于《大藏经》的检索，本书依据的是中华电子佛典协会所编的CBETA 电子佛典 2014 年版。

　　本书的出版受西南交通大学研究生教材（专著）经费建设项目专项资助（项目编号 SWJTV−ZZ2022−040），特此鸣谢！

---

① 假借字、讹字在原字后用"（ ）"注出本字或正字，脱字用"〔 〕"补出，衍文用"｛ ｝"表示。
② 民国时期普慧大藏经刊行会刊印了四种《坛经》的合编本，郭朋的《〈坛经〉对勘》即以此为底本［参见洪修平：《关于〈坛经〉若干问题的研究》，广东新兴国恩寺编《六祖坛经》研究》（四），北京：中国大百科全书出版社，2003 年，第 223 页］。
③ 参见王孺童：《〈坛经〉诸本集成》，北京：宗教文化出版社，2014 年。

目　录

第一章 作者甄别

第一节　胡适的看法与依据

《坛经》的作者为六祖慧能，这一向无人怀疑。然而，自从敦煌本《坛经》被发现后，胡适对此提出了质疑，认为《坛经》是神会或神会一系所作。胡适认为《坛经》中有不少与神会相关的内容，因此《坛经》"出于神会或神会一派的手笔"[①]，是"神会的杰作"[②]。他指出，"所谓《坛经》，事实上是神会代笔的"，"根据我的考据，神会实是《坛经》的作者"，"这位大和尚神会实在是禅宗的真正开山之祖，是《坛经》的真正作者"。[③]胡适称赞神会是"南宗的急先锋，北宗的毁灭者，新禅学的建立者，《坛经》的作者，——这是我们的神会。在中国佛教史上，没有第二个人有这样伟大的功勋，永久的影响"[④]。

胡适的论据主要基于四点。第一，敦煌本《坛经》关于慧能灭度后二十余年"有人出来，不惜身命，定佛教是非，竖立宗旨，即是吾正法"的"悬记"，是最明显的证据，是《坛经》"是神会或神会一派所作的铁证"[⑤]。第二，《坛经》真古本中"无有怀让、行思的事，而单独提出神会得道，'余者不得'，这也是很明显的证据"[⑥]。第三，韦处厚在为

---

① 胡适：《荷泽大师神会传》，广东新兴国恩寺编《〈六祖坛经〉研究》（一），北京：中国大百科全书出版社，2003 年，第 29 页。
② 胡适：《荷泽大师神会传》，广东新兴国恩寺编《〈六祖坛经〉研究》（一），北京：中国大百科全书出版社，2003 年，第 56 页。
③ 唐德刚：《胡适口述自传》，桂林：广西师范大学出版社，2005 年，第 215 页。
④ 胡适：《荷泽大师神会传》，广东新兴国恩寺编《〈六祖坛经〉研究》（一），北京：中国大百科全书出版社，2003 年，第 63 页。
⑤ 胡适：《荷泽大师神会传》，广东新兴国恩寺编《〈六祖坛经〉研究》（一），北京：中国大百科全书出版社，2003 年，第 56 页。
⑥ 胡适：《荷泽大师神会传》，广东新兴国恩寺编《〈六祖坛经〉研究》（一），北京：中国大百科全书出版社，2003 年，第 56 页。

马祖道一的弟子大义禅师所作的《兴福寺大义禅师碑铭》中曾提及神会系，碑铭说："洛者曰会，得总持之印，独曜莹珠。习徒迷真，橘柘变体，竟成《坛经》传宗，优劣详矣！"胡适据此认为《坛经》是神会所作或至少其中的重要部分是神会所作，这是"更无可疑的证据"①。第四，胡适将敦煌本《坛经》与《神会语录》进行比较，发现所列举的最明显的例子中两者不仅内容相同，文字也极为相似，因而指出"《坛经》中有许多部分和新发现（现）的神会语录完全相同，这是最重要的证据"②。

胡适的说法引起了学术界广泛的争论，至今尚未停息。关于敦煌本《坛经》的作者问题，日本驹泽大学禅宗史研究会编写的《慧能研究》介绍了五种看法。③其一，胡适、久野芳隆认为《坛经》的主要部分是神会所作；其二，矢吹庆辉、关口真大认为是神会或神会一派所作；其三，铃木大拙认为《坛经》原是慧能的说法集，后人又附加了部分内容，宇井伯寿认为是神会一派做了这种附加；其四，柳田圣山认为《坛经》古本原是牛头禅系的法海所编，后人又有修改；其五，中川孝认为敦煌本是神会在法海所抄录的祖本基础上又增加了新的内容编织而成，后来曹溪山的僧徒对此又作了些改动，从而受到慧忠的批评。

第二节　对胡适的批驳

胡适对《坛经》没有正确把握，曲解了《坛经》文本和韦处厚碑铭之意，对神会思想及其境界也不甚明了，故而得出如此结论。罗义俊认为，胡适"断然否定了《坛经》是法海集记的慧能的语录，否定了是慧

---

① 胡适：《荷泽大师神会传》，广东新兴国恩寺编《〈六祖坛经〉研究》（一），北京：中国大百科全书出版社，2003 年，第 56 页。
② 胡适：《荷泽大师神会传》，广东新兴国恩寺编《〈六祖坛经〉研究》（一），北京：中国大百科全书出版社，2003 年，第 57 页。
③ 参见杨曾文：《敦煌新本〈六祖坛经〉》，北京：宗教文化出版社，2001 年，第 212 页。

能创立新禅学的这段禅宗史"①。胡适禅宗研究的一个失误就在于"偏蔽于考据而不知顾思想，这是研究方法的一种片面性"②。郭朋认为，胡适只有大胆怀疑，却无小心求证。③印顺法师指出，对胡适的考证，除了检查他所引用的证据是否有误解、曲解，更应从敦煌本《坛经》文本着手，找出不是神会所作的充分证明，唯有如此，才能将《坛经》是神会或神会一派所造的结论根本推翻。④

对于第一条论据，胡适自己认为这则"悬记"即慧能临终时的预言是最可注意的，"此悬记甚明白，所指即是神会在滑台大云寺及洛阳荷泽寺定南宗宗旨的事……此条悬记可证敦煌本《坛经》为最古本，出于神会或神会一系之手，其著作年代在开元二十二年以后"⑤。他说，这一段今本皆无，仅见于敦煌本《坛经》，说明敦煌本是最古之本，其书成于神会或神会一派之手笔，该悬记暗指神会在开元、天宝之间"不惜身命，定佛教是非，竖立宗旨"的一段故事。⑥胡适引宗密《禅门师资承袭图》中所说的慧能入寂之前授密语给神会之事以及付嘱"二十年外，当弘此法，广度众生"及"所付嘱者，二十年外，于北地弘扬"等，以此证明《坛经》造于神会或神会一派，并且认为敦煌写本《坛经》留此一段二十年悬记，使我们可以考知《坛经》的来历，这是中国佛教史上非常重要的史料。⑦

慧能入寂之前不可能密授神会，前面赞叹神会"毁誉不动"以及预知神会"滑台定宗之事"，并不能表明慧能认为神会已得道而密授付嘱。宗密所说并非真实，也许是据神会所述《坛经》"悬记"而撰写。况且

① 罗义俊：《当代关于〈坛经〉作者的一场争论——兼评胡适禅宗研究方法上的若干失误》，广东新兴国恩寺编《〈六祖坛经〉研究》（四），北京：中国大百科全书出版社，2003年，第281页。
② 罗义俊：《当代关于〈坛经〉作者的一场争论——兼评胡适禅宗研究方法上的若干失误》，广东新兴国恩寺编《〈六祖坛经〉研究》（四），北京：中国大百科全书出版社，2003年，第290页。
③ 郭朋：《隋唐佛教》，济南：齐鲁书社，1980年，第534页。
④ 释印顺：《神会与〈坛经〉——评〈胡适禅宗史〉的一个重要问题》，广东新兴国恩寺编《〈六祖坛经〉研究》（一），北京：中国大百科全书出版社，2003年，第97页。
⑤ 胡适：《〈坛经〉考之一》，广东新兴国恩寺编《〈六祖坛经〉研究》（一），北京：中国大百科全书出版社，2003年，第4页。
⑥ 胡适：《荷泽大师神会传》，广东新兴国恩寺编《〈六祖坛经〉研究》（一），北京：中国大百科全书出版社，2003年，第28页。
⑦ 胡适：《荷泽大师神会传》，广东新兴国恩寺编《〈六祖坛经〉研究》（一），北京：中国大百科全书出版社，2003年，第28～29页。

宗密并没有提及神会是不是《坛经》的作者问题；倘若是神会所作，宗密不可能不知道。慧能是见性之人，自然知道弟子的修行境界，也有预知能力。潘重规认为，慧能推测情事，预料二十年后神会阐扬南宗顿法，与神秀弟子大辨是非，这是就事论事的衡量，谈不上是"悬记""先知"，至于慧能能否先知，谁也不敢断言，但神会不可能窜改广东弟子护持世守的最重视的抄本。① 蒋宗福认为："神会在滑台大云寺定南宗是非宗旨，只是出于维护慧能一派，也即他自己这一派为禅门正统的需要，刻意从地理上加以区分。"②

对于第二条论据，显然是胡适对《坛经》原文没有理解透彻，造成了误解。慧能告知弟子自己即将入寂之事，众弟子忍不住悲伤哭泣，只有神会一人不悲不泣，站着不动。慧能因此赞叹说，神会将成就善业，哪怕毁誉也无动于衷，而其他人则做不到。然而，胡适却将"余者不得"理解为其他人没有得道，而唯独神会得道了。倘若如此，前面所提到的志诚、法达"言下便（大）悟"又作何解释？

神会虽然是慧能的弟子，但《坛经》中并没有提到他是否得道。如果说慧能对其赞赏"余者不得"是出自神会之手，慧能预知神会滑台定宗之事也是神会所造，那么，为什么《坛经》中有言及慧能弟子志诚、法达等一闻慧能开示便"言下大悟"，而作为《坛经》"创作者"的神会，文中却偏偏没有提及其见性之事？虽然志诚、法达等"言下大悟"与慧能"言下大悟"而"顿见真如本性"有别，但作为《坛经》"作者"的神会却还遭到慧能的批评，说其"汝自迷不见自心，却来问惠（慧）能见否！"（敦煌本《坛经》）印顺法师认为："慧能打神会几下，是共同的，而神会门下的表示神会的利根顿悟，是《坛经》所没有的。"③ 钱穆先生也认为，如果只有神会获得六祖正法之传，那么此下南禅诸祖师

① 潘重规：《敦煌本〈六祖坛经〉读后管见》，广东新兴国恩寺编《〈六祖坛经〉研究》（四），北京：中国大百科全书出版社，2003年，第161~162页。
② 蒋宗福：《敦煌本〈坛经〉相关问题考辨》，《宗教学研究》2007年第4期。
③ 释印顺：《神会与〈坛经〉——评〈胡适禅宗史〉的一个重要问题》，广东新兴国恩寺编《〈六祖坛经〉研究》（一），北京：中国大百科全书出版社，2003年，第118页。

们，只知尊六祖而不知尊神会，将全是无识，全非正传。① 《曹溪大师别传》说神会为"佛性无受"之说而深得慧能赞赏，被认为"如智证得真正受三昧"，并因此而密受付嘱。② 这显然是不可能的。

对于胡适的第三条论据，印顺法师认为这是胡适根本没有弄明白这句话的意思而断然下的结论。印顺法师就敦煌本《坛经》中相关的问题进行了探讨，根据文中提到的"若不得《坛经》，即无禀受""不禀承《坛经》，非我宗旨""无《坛经》禀承，非南宗弟子"等分析后断定，"《坛经》传宗"是一种制度，在传法的时候传付《坛经》一卷。③ 他说："《坛经》不只是代表慧能的禅宗，又是师弟授受之间的'依约'——依据，信约。凭一卷《坛经》的传授，证明为'南宗弟子'。如没有《坛经》为凭信，即使他宣说'顿教法'，也不是'南宗弟子'。《坛经》是传授南宗的'依约'，所以名为'《坛经》传宗'。……神会门下应用《坛经》为付法的依约（信物），所以在当时手写秘本的《坛经》上，加上些法统、禀承、传宗依约的文句。对《坛经》有所补充，但并不是造一部《坛经》。《坛经》的原本，改订本，都早已存在了。"④ 洪修平也认为胡适曲解了神会以"《坛经》传宗"的意思，"神会门下'竟成《坛经》传宗'的说法，并不是'明说《坛经》是神会门下的习徒所作'，而是指神会系利用《坛经》作为传宗付法的依承"⑤。钱穆先生认为胡适误解了韦处厚碑文之意，在他看来，神会独成《坛经》之传宗，只是指他独得《坛经》的真传，而且韦文明说神会承袭慧能，并未说慧能《坛经》乃神会假托捏造，韦文所说正好是胡适猜想的反面。⑥ 下面对韦处厚为大义禅师所作的碑文进行分析，其碑文云：

① 钱穆：《再论关于〈坛经〉真伪问题》，广东新兴国恩寺编《〈六祖坛经〉研究》（一），北京：中国大百科全书出版社，2003 年，第 202 页。
② 参见洪修平：《关于〈坛经〉的若干问题研究》，《世界宗教研究》1999 年第 2 期。
③ 释印顺：《神会与〈坛经〉——评〈胡适禅宗史〉的一个重要问题》，广东新兴国恩寺编《〈六祖坛经〉研究》（一），北京：中国大百科全书出版社，2003 年，第 100 页。
④ 释印顺：《神会与〈坛经〉——评〈胡适禅宗史〉的一个重要问题》，广东新兴国恩寺编《〈六祖坛经〉研究》（一），北京：中国大百科全书出版社，2003 年，第 100~101 页。
⑤ 洪修平：《关于〈坛经〉的若干问题研究》，《世界宗教研究》1999 年第 2 期。
⑥ 钱穆：《神会与〈坛经〉》，广东新兴国恩寺编《〈六祖坛经〉研究》（一），北京：中国大百科全书出版社，2003 年，第 71 页。

在高祖时有道信叶昌运，在太宗时有弘忍示元珠，在高宗时有惠能荃月指。自脉散丝分，或遁秦，或居洛，或之吴，或在楚。秦者曰秀，以方便显，普寂其胤也。洛者曰会，得总持之印，独曜莹珠。习徒迷真，橘柘变体，竟成《坛经》传宗，优劣详矣！①

在韦处厚看来，道信、弘忍和慧能才是禅宗正宗，神秀和神会则是宗脉分散后的两个分枝，并非正宗，而神会等迷失真性的习徒摇身一变，竟然成了《坛经》的传宗，由此可知正宗与非正宗的优劣。"洛者曰会，得总持之印，独曜莹珠"是对神会的讽刺。韦处厚只是说神会等谎称自己是《坛经》的正传，并没有说神会或神会一派是《坛经》的作者。杨曾文对这段话的阐释是，神会后继门徒已发生质的变化，对祖训真谛迷惑不清，竟一味地借传付《坛经》来付法传宗，只因不重以心传心，而只注重形式上的传付，因而受到洪州马福禅派人的讥讽。②

对于胡适的第四条论据，印顺法师认为，神会的作品"大抵引用旧说而不加说明，好像自己说的一样"③，其实是"神会采用慧能的成就"④。《坛经》中对"看心看静、不动不起"禅风的批评，胡适认为是神会对普寂的批驳，由此印证《坛经》出于神会或神会一系之手。⑤ 印顺法师反驳说，慧能与法如、神秀同门，不可能批评普寂，而是对法如与神秀时代的禅风，甚或在慧能之前就早已存在的这种禅风的批评；慧能批评神秀（东山门下的一般禅风），神会批评普寂，师资相承，与历史完全符合，不能由此证明《坛经》乃神会所作。⑥ 印顺法师还从"慧能的隐遁与弘法年代""十弟子分化一方""六祖不传衣""神会的原籍"

① 参见胡适：《菏泽大师神会传》，广东新兴国恩寺编《〈六祖坛经〉研究》（一），北京：中国大百科全书出版社，2003年，第56~57页。
② 杨曾文：《〈六祖坛经〉诸本的演变和慧能的禅法思想》，广东新兴国恩寺编《〈六祖坛经〉研究》（二），北京：中国大百科全书出版社，2003年，第222页。
③ 释印顺：《神会与〈坛经〉——评〈胡适禅宗史〉的一个重要问题》，广东新兴国恩寺编《〈六祖坛经〉研究》（一），北京：中国大百科全书出版社，2003年，第105~106页。
④ 释印顺：《神会与〈坛经〉——评〈胡适禅宗史〉的一个重要问题》，广东新兴国恩寺编《〈六祖坛经〉研究》（一），北京：中国大百科全书出版社，2003年，第104页。
⑤ 胡适：《荷泽大师神会传》，广东新兴国恩寺编《〈六祖坛经〉研究》（一），北京：中国大百科全书出版社，2003年，第59页。
⑥ 释印顺：《神会与〈坛经〉——评〈胡适禅宗史〉的一个重要问题》，广东新兴国恩寺编《〈六祖坛经〉研究》（一），北京：中国大百科全书出版社，2003年，第108页。

等方面对胡适"最重要的证据"作了深入的分析，最后得出结论：第一，《坛经》绝非神会或神会门下所造；第二，神会门下补充了一部分——《坛经》传宗。[①] 不能因为敦煌本《坛经》与《神会语录》部分内容和文字相同而断定《坛经》为神会所作，遵循师训，理所当然。

学界通常认为，虽然敦煌本《坛经》是经过神会或神会一系的改窜，但改窜的不是作者或《坛经》的原型。[②] 本书认为，神会不仅不是《坛经》的作者，神会一系也没有窜改《坛经》，神会只是在滑台大会上定南宗宗旨而已。从下面神会初见慧能时两人的对话就可见端倪：

> 又有一僧名神会，南阳人也，至漕溪山礼拜，问言："和尚坐禅，见不见？"大师起，把打神会三下，却问神会："吾打汝，痛不痛？"神会答言："亦痛，亦不痛。"六祖言曰："吾亦见，亦不见。"……大师言："神会向前：见不见是两边，痛不痛是生灭。汝自性且不见，敢来弄人！"神会礼拜，礼拜更不言。（敦煌本《坛经》）

从这段话可以看出，这只是平实地讲述事实，是慧能对神会的客观评价，文中并没有说神会得道之事，反而多是批评之语。倘若《坛经》是神会所造，文中就会夸耀神会的伟大，而不会说神会"自性不见"，却敢来弄人，自作聪明。这段文字没有被神会或神会系改窜，这足以说明问题。从该处也可以推知，慧能预知灭度后二十余年的"悬记"也是真实的，是法海《坛经》的原文，这与达摩的预言"一花开五叶"一样具有宗教的神秘性，因为达摩与慧能都是明心见性之人，具有预知未来的神通，这是不难理解的。

敦煌本《坛经》将神会排为慧能十大弟子最后一位，如果《坛经》真的"出于神会或神会一系之手"，那么神会在十大弟子中就不会排在最后，至少可以把自己的名字往前挪动几位以提高自己的声誉、地位，倒是德异本将神会提前到第四位，从这一点也可以看出《坛经》不是神

---

① 释印顺：《神会与〈坛经〉——评〈胡适禅宗史〉的一个重要问题》，广东新兴国恩寺编《〈六祖坛经〉研究》（一），北京：中国大百科全书出版社，2003 年，第 112~120 页。
② 参见罗义俊：《当代关于〈坛经〉作者的一场争论——兼评胡适禅宗研究方法上的若干失误》，广东新兴国恩寺编《〈六祖坛经〉研究》（四），北京：中国大百科全书出版社，2003 年，第 284 页。

会所作。① 敦煌本《坛经》十大弟子中法海位列第一，神会排名第十；倘若《坛经》是神会所造，就应对不利于自己之处作出修改才是。而且，法海圆寂后《坛经》先后传给道际、悟真，唯独没有传给大名鼎鼎的神会；如果《坛经》是神会所作，他就应该把自己的名字写进传承体系中，至少排在法海之后，但他并没有这么做。洪修平据此认为，这"从一个侧面说明了《坛经》最初是由法海集记的可信性"②。日本学者伊吹敦对此也提出疑问，既然神会的弟子们做了那么大的改编，为什么没有删去末尾这个与他们无关的传承系统？这个后记不但对他们不利，而且可能损及他们的权威。③ 至于神会弟子慧空在其所撰《大唐东都荷泽寺殁第七祖国师大德于龙门宝应寺龙岗腹建身塔铭并序》中将神会拥立为七祖，"宗承七叶，永播千秋"，那是神会身后之事了，正因如此，"《坛经》的附益部分经人改造，但改造者亦不是神会。"④ 据日本学者宇井伯寿考证，《坛经》最初以抄写本的形式在南方流传，到了 9 世纪中期才流传于北方，如果《坛经》是神会在北方时所作，必然先流传于北方，而后流传于南方。⑤ 敦煌本《坛经》说神会是南阳人，而神会门下说神会是襄阳人，印顺法师认为"《坛经》的集成者，不知神会的原籍，因长住南阳而就说是南阳人。这最足以证明《坛经》不是神会及神会门下所造的了"⑥。

第三节　见性与否考证

敦煌本《坛经》反映了慧能的见性思想，而《神会语录》却表明神

---

① 参见蒋宗福：《敦煌本〈坛经〉相关问题考辨》，《宗教学研究》2007 年第 4 期。
② 洪修平：《关于〈坛经〉的若干问题研究》，《世界宗教研究》1999 年第 2 期。
③ ［日］伊吹敦：《敦煌本〈坛经〉是否为传授本》，广东新兴国恩寺编《〈六祖坛经〉研究》（四），北京：中国大百科全书出版社，2003 年，第 138 页。
④ 参见蒋宗福：《敦煌本〈坛经〉相关问题考辨》，《宗教学研究》2007 年第 4 期。
⑤ 参见胡京国：《惠能"无相偈"辨析》，《惠阳师专学报》1986 年第 2 期。
⑥ 释印顺：《神会与〈坛经〉——评〈胡适神宗史〉的一个重要问题》，广东新兴国恩寺编《〈六祖坛经〉研究》（一），北京：中国大百科全书出版社，2003 年，第 117 页。

会并未见性。神会是慧能的弟子，其思想自然会受到慧能的影响，《神会语录》与敦煌本《坛经》有相似之处，只因神会为撰写语录而模仿《坛经》，这无可厚非，只是在改动的过程中由于未见性而出现了误解。如果说从前面的分析可以初步判断《坛经》并非神会或神会门下所造，那么，下面通过对慧能见性思想与《神会语录》所反映的神会非见性思想进行对比，就可以最终断定谁是《坛经》的真正作者。

从对神会的语录分析可以看出，神会没有达到慧能"再来佛"的境界，并没有真正见性。洪修平认为，神会在思想义趣与风格上与慧能有一定的差异，从《神会语录》等中就可以得到佐证。① 但是，学界很少有人从这方面着手进行考证，正如印顺法师所说："论到禅法的内容，论证是不大容易的。"② 钱穆先生也说："纵谓两书有字句全同处，或可由神会与其徒之羼入，然《坛经》之精要处，则决不能谓乃神会之造作。今若进一步要追究到神会思想与《坛经》思想之不同处，此乃涉及思想之内在深处，恕我不能在此发挥，我则只是举出几许外证，可使人易知易晓。"③ 在钱穆先生看来，有关思想问题，若不先求了解其思想的内容，而在外面枝节上作考据，有时会损及思想本身。④ 通常的研究都是基于这些"外证"，因为一般认为慧能是禅宗始祖，却没有真正意识到他已达到见性的佛之境界。虽然敦煌本《坛经》有后人增益部分，但前面主体部分所反映的正是慧能的见性思想。"敦煌本《坛经》有所附益，并不能否定《坛经》代表慧能的禅法思想这一事实。"⑤ "内证"虽然不易使人知晓，却是最有力、最有效的方法。

尽管依胡适之见，神会或神会一派编造《坛经》是为了维护慧能顿教门户，但是，神会由于没有见性，不可能对慧能的顿悟思想作准确阐

---

① 洪修平：《关于〈坛经〉的若干问题研究》，《世界宗教研究》1999 年第 2 期。
② 释印顺：《神会与〈坛经〉——评〈胡适禅宗史〉的一个重要问题》，广东新兴国恩寺编《〈六祖坛经〉研究》（一），北京：中国大百科全书出版社，2003 年，第 118 页。
③ 钱穆：《再论关于〈坛经〉真伪问题》，广东新兴国恩寺编《〈六祖坛经〉研究》（一），北京：中国大百科全书出版社，2003 年，第 200 页。
④ 钱穆：《再论关于〈坛经〉真伪问题》，广东新兴国恩寺编《〈六祖坛经〉研究》（一），北京：中国大百科全书出版社，2003 年，第 206 页。
⑤ 蒋宗福：《敦煌本〈坛经〉相关问题考辨》，《宗教学研究》2007 年第 4 期。

扬。胡适在为"最重要的证据"所列举的五个例证之一——"论《金刚经》"中，对敦煌本《坛经》和《神会语录》的相关内容进行了比较，试图指出两者的相同之处，从而证明《坛经》为神会或神会门下所造。然而，两者的对比反而表明神会对慧能思想未能深刻领悟，从而出现了理解上的偏差。例如，敦煌本《坛经》云："若欲入甚深法界，入般若三昧者，直须修般若波罗蜜行，但持《金刚般若波罗蜜经》一卷，即得见性，入般若三昧……譬如大龙，若下大雨，雨于阎浮提，如漂草叶；若下大雨，雨放大海，不增不减"，而《神会语录》则云："若欲得了达甚深法界，直入一行三昧者，先须诵持《金刚般若波罗蜜经》，修学般若波罗蜜法。……譬如大龙不雨阎浮。若雨阎浮，如飘弃叶；若雨大海，其海不增不减。"（《答崇远法师问》）① 神会不仅在语言表达方面存在问题，对慧能思想也没有透彻领会。印顺法师指出，敦煌本《坛经》多次说到"但持《金刚经》一卷，即得见性"，但这是举当时禅宗通行的《般若经》使人受持而已，并非以"金刚般若波罗蜜"为主体；慧能以"摩诃般若波罗蜜法"为主，劝人持《金刚经》，而神会就以"金刚般若波罗蜜"为主，并把"摩诃般若"都改为"金刚般若"。② 譬如神会把《坛经》中"摩诃般若波罗蜜，最尊最上第一，无住无去无来，三世诸佛从中出"（敦煌本《坛经》）改为"金刚般若波罗蜜，最尊最上最第一，无生无灭无去来，一切诸佛从中出"（《答崇远法师问》）③，似乎只有《金刚经》才是唯一通往成佛之路。佛教有八万四千法门，因人的根性而设，不仅《金刚经》是见性之法，《坛经》等大乘经典同样也是见性法门，因此慧能说"摩诃般若波罗蜜"才是最尊、最上、第一的法门，只要能获得"到彼岸"的大智慧，便是"最尊最上第一"。慧能是以《金刚经》作为例子，说明大、小根性之人对大乘经典的反应，以此说明

---

① 石峻、楼宇烈等编：《中国佛教思想资料选编》第二卷第四册，北京：中华书局，1983年，第114~116页。
② 释印顺：《神会与〈坛经〉——评〈胡适禅宗史〉的一个重要问题》，广东新兴国恩寺编《〈六祖坛经〉研究》（一），北京：中国大百科全书出版社，2003年，第109页。
③ 石峻、楼宇烈等编：《中国佛教思想资料选编》第二卷第四册，北京：中华书局，1983年，第114页。

《坛经》顿教法的殊胜与难度，而神会却没有领悟到慧能的指归，从而曲解了慧能之意。印顺法师最后得出结论：比对《坛经》与神会所说，只觉得由《坛经》而发展到神会，看不出从神会而到《坛经》的任何迹象；如《坛经》真的是由《神会语录》七拼八凑而成，那为什么《坛经》保持古传的"摩诃般若"，而不如神会将一切都改为"金刚般若"呢？①

神会并没有完全掌握慧能思想，却暴露了自己的未见性思想。将慧能"无念"误解为"不作意"就是一例。神会说："不作意即是无念。……所作意住心，取空取净，乃至起心求证菩提涅槃，并属虚妄。但莫作意，心自无物；即无物心，自性空寂。空寂体上，自有本智，谓知以为照用。"（《荷泽神会禅师语录》）② 神会认为"作意"就是"有意""刻意"，不作意就是无念，作意就是有念，就是虚妄之心。印顺法师说，神会大大运用了"不作意"一词，这是敦煌本《坛经》从来没有的，其"无念"着重于"不作意"（否定的），给人以貌合神离之感，而不像敦煌本《坛经》肯定当下的一念，这是禅者的偏重与派别问题。③ 而且，神会又将"无念"解释为"无一切境界"，如"是无念者，无一切境界；如有一切境界，即与无念不相应故。"（《荷泽神会禅师语录》）④ 这与慧能的"无念"不一致。在慧能看来，"无念"并非"无一切境界"，而是心念无有停息，却又不执着于念，这才叫真正的"无念"。倘若"无一切境界"，什么都不思念，念头除尽，死亡就会降临，"莫百物不思，念尽除却；一念断即无，别处受生"（敦煌本《坛经》）。

神会认为两边即中道，如答庐山简法师问"何者是中道义"时，神会回答说："边义即是。……今言中道者，要因边义立；若其不立边，中道亦不立。"（《荷泽神会禅师语录》）⑤ 神会曲解了慧能的中道义，认

① 释印顺：《神会与〈坛经〉——评〈胡适禅宗史〉的一个重要问题》，广东新兴国恩寺编《〈六祖坛经〉研究》（一），北京：中国大百科全书出版社，2003年，第109~110页。
② 石峻、楼宇烈等：《中国佛教思想资料选编》第二卷第四册，北京：中华书局，1983年，第107页。
③ 释印顺：《神会与〈坛经〉——评〈胡适禅宗史〉的一个重要问题》，广东新兴国恩寺编《〈六祖坛经〉研究》（一），北京：中国大百科全书出版社，2003年，第110~111页。
④ 石峻、楼宇烈等：《中国佛教思想资料选编》第二卷第四册，北京：中华书局，1983年，第85页。
⑤ 石峻、楼宇烈等：《中国佛教思想资料选编》第二卷第四册，北京：中华书局，1983年，第81~82页。

为中道因边义而成立，所以中道就是边义。慧能在阐释"三十六对法"时明确指出，凡事不离中道，不落两边，如其言"动三十六对，出没即离两边"（敦煌本《坛经》），中道与两边刚好相反。神会还犯了类似的错误，如将大乘等同于小乘，譬如答齐寺主问"云何是大乘"时，神会说："小乘是。……因有小故，而始立大；若其无小，大从何生？"（《荷泽神会禅师语录》）① 神会如是之说，与前面对中道义的诠释一样，误将事物的对立面等同于事物本身，或将相因相生之物混同。

神会将"业"误作"四重罪"之一，如其言："过去未来及现在，身口意业四重罪，我今至心尽忏悔，愿罪除灭永不起。"（《神会语录》）② "身口意三重罪"即身业、口业、意业三重罪，但神会却把"业"与身、口、意并列，似乎还有一重罪即"业业"。这是佛教常识，僧人不应犯这样的错误。关于"坐禅"，神会说："今言坐者，念不起为坐；今言禅者，见本性为禅。"（《答崇远法师问》）③ 印顺法师说，神会说"念不起"，还是"不作意"的意思，"念"是不可能不起的，依敦煌本来说这是有语病的。④ 慧能对"禅"的界定是："见本性不乱为禅。"（敦煌本《坛经》）神会认为见本性就是禅，而慧能认为见本性不乱才是禅。一旦见性就成佛了，与"禅"有别。神会失之毫厘，差之千里，与慧能思想大相径庭。

神会曲解了"顿悟"之意，其对"顿悟"的阐释是："夫学道者须顿悟渐修……譬如母顿生子，与乳，渐渐养育，其子智惠自然增长。顿悟见佛性者，亦复如是。"（《答崇远法师问》）⑤ 在他看来，学道之人必须顿见佛性，成佛之后再逐步修积因缘，而且见性后智慧自然会逐渐增长，因此提倡"顿悟渐修"。顿悟即见性，何须再渐修成佛？众所周知，佛已达到至高的境界，慈悲与智慧已圆满无缺，而神会却认为成佛后智

---

① 石峻、楼宇烈等编：《中国佛教思想资料选编》第二卷第四册，北京：中华书局，1983年，第92页。
② 邢东风：《神会语录》，北京：东方出版社，2016年，第163页。
③ 石峻、楼宇烈等编：《中国佛教思想资料选编》第二卷第四册，北京：中华书局，1983年，第113页。
④ 释印顺：《神会与〈坛经〉——评〈胡适禅宗史〉的一个重要问题》，广东新兴国恩寺编《〈六祖坛经〉研究》（一），北京：中国大百科全书出版社，2003年，第112页。
⑤ 石峻、楼宇烈等编：《中国佛教思想资料选编》第二卷第四册，北京：中华书局，1983年，第112页。

慧才能渐渐增长，这显然是错误的认识。神会批判神秀的北宗渐悟法门时指出，从菩提达摩以来的六代大师，"皆言单刀直入，直了见性，不言阶渐"(《答崇远法师问》)①，并对顿悟义作了详尽的阐发：

> 事须理智兼释，谓之顿悟。并不由阶渐，自然是顿悟义。自心从本已来空寂者，是顿悟。即心无所得者，为顿悟。即心是道，为顿悟。即心无所住，为顿悟。存法悟心，心无所得，是顿悟。知一切法是一切法，为顿悟。闻说空不著空，即不取不空，是顿悟。闻说我不著（我），即不取无我，是顿悟。不舍生死而入涅槃，是顿悟。(《荷泽神会禅师语录》)②

神会对"六代大师"的禅法把握当然失之偏颇，对慧能顿悟禅法的阐释也出现了偏差，把慧能的思想全部归结为"顿悟"，把大乘中道不二法门的修持，即顿悟修持法，当作了顿悟义。

慧能强调佛教理论与佛法践行同等重要，在与法达谈到"转《法华》"与"《法华》转"的关系问题时明确指出，两者结合才是真正转佛法。而神会并没有透彻理解慧能之意，一味强调理论知识，忽视了佛教修行，如他说：

> 未得修行，但得知解。以知解久熏习故，一切攀缘妄想，所有重者，自渐轻微。……于般若波罗蜜，唯则学解，将解心呈问佛，佛即领受印可。得佛印可，即可舍五欲乐心，便证正位地菩萨。(《荷泽神会禅师语录》)③

胡适认为，这完全侧重于知解，只要是一个正知解，得佛印可后便可证正位地菩萨；这种方法导致后世禅者为一个知见终身行脚，四处寻

---

① 石峻、楼宇烈等编：《中国佛教思想资料选编》第二卷第四册，北京：中华书局，1983年，第112页。
② 石峻、楼宇烈等编：《中国佛教思想资料选编》第二卷第四册，北京：中华书局，1983年，第87～88页。
③ 石峻、楼宇烈等编：《中国佛教思想资料选编》第二卷第四册，北京：中华书局，1983年，第107页。

觅大善知识以求印证，一朝大彻大悟，还须请求大师印可。① 不过，胡适并没有看出神会与慧能不同之处，认为两人虽都"口说定慧合一"，而实则"只认得慧，不认得定"，这是中国思想史上的绝大解放。② 胡适指出，"南宗之禅，并禅亦不立，知解方面则说顿悟，实行方面则重自然"③，神会的顿悟"根据在于自然主义，因为有自然智，故有无修而顿悟的可能"④。所以，神会说"众生若有修，即是妄心，不可得解脱"，"修习即是有为诸法"⑤。神会认为："三事不生，是即解脱。心不生即无念，智不生即无知，慧不生即无见。通达此理者，是即解脱。"⑥ 在他看来，无念、无知、无见即是解脱。而且，他还认为"无明"与佛性一样皆是自然，"无明亦自然"，"无明与佛性俱是自然而生"⑦。神会不仅曲解了慧能的"无念"思想，也不明佛教之理。倘若"心不生"，那《金刚经》"应无所住而生其心"作何解释？佛教强调慈悲与智慧乃鸟之双翼，缺一不可，而"无知""无见"怎能解脱？佛性乃自然本性，而"无明"则为后天所染而生，并非先天自然本性。这些都是僧人不该犯的知解错误。

神会不仅对佛教理论未能准确把握，在佛法践行上也尚未真正下功夫，这是造成理解偏差的一个重要原因。胡适在《荷泽大师神会传》中说，崇远法师在滑台会上问及达摩以前的世系问题时，神会竟然做出了非常大胆而又极其荒谬的回答，把远在菩提达摩之前的达摩多罗认作了菩提达摩，但又怕人怀疑，故又造出慧可亲问菩提达摩的神话。⑧ 在胡

① 胡适：《荷泽大师神会传》，广东新兴国恩寺编《〈六祖坛经〉研究》（一），北京：中国大百科全书出版社，2003 年，第 46 页。
② 胡适：《荷泽大师神会传》，广东新兴国恩寺编《〈六祖坛经〉研究》（一），北京：中国大百科全书出版社，2003 年，第 46 页。
③ 胡适：《荷泽大师神会传》，广东新兴国恩寺编《〈六祖坛经〉研究》（一），北京：中国大百科全书出版社，2003 年，第 46 页。
④ 胡适：《荷泽大师神会传》，广东新兴国恩寺编《〈六祖坛经〉研究》（一），北京：中国大百科全书出版社，2003 年，第 47 页。
⑤ 胡适：《荷泽大师神会传》，广东新兴国恩寺编《〈六祖坛经〉研究》（一），北京：中国大百科全书出版社，2003 年，第 47 页。
⑥ 胡适：《荷泽大师神会传》，广东新兴国恩寺编《〈六祖坛经〉研究》（一），北京：中国大百科全书出版社，2003 年，第 48 页。
⑦ 胡适：《荷泽大师神会传》，广东新兴国恩寺编《〈六祖坛经〉研究》（一），北京：中国大百科全书出版社，2003 年，第 47 页。
⑧ 胡适：《荷泽大师神会传》，广东新兴国恩寺编《〈六祖坛经〉研究》（一），北京：中国大百科全书出版社，2003 年，第 34～35 页。

适看来，神会的这种做法，"前者还可说是错误，后者竟是有心作伪了"①。妄语是佛教一大禁忌，连常人都知道，更何况高僧！潘重规也说："神会自得甚高深……但是从他学习的门徒，往往迷失真谛，如逾淮之橘，竟变成了徒具形式的《坛经》传宗。"②钱穆先生指出，虽然《坛经》后来不断有人窜改，但都不失其思想精旨，而神会及其《语录》则逐渐湮灭；后世禅宗所珍重传习的是所谓神会伪造的《坛经》，而不是神会《语录》。③罗义俊认为，神会虽然在禅宗史上做出了不可磨灭的贡献，但绝不能因此无限扩大到取代慧能创始禅宗的地位，把他人的贡献一概抹杀，统统归到神会门下。④

慧能毕竟是南宗开山祖师，是禅宗顿教法门的创立者，而神会只是《坛经》的传宗弟子而已。神会在滑台大云寺设无遮大会，只是立南宗宗旨，大行顿教禅法，并非有意伪造《坛经》而宣扬自己。敦煌本《坛经》的标题已清楚地说明，这是六祖慧能大师在韶州大梵寺所讲之《坛经》，为南宗顿教最上大乘法，通过修行"无相"而获得般若空性智慧，见性成佛。倘若是神会所作，标题就应将慧能大师之名改为神会之名，这也说明神会只是宣传南宗顿教禅法而已。《坛经》是慧能求法过程及大梵寺讲法的记录，而不是神会求法和讲法的记载。如果争辩《坛经》是法海还是神会所集记，这还可以理解，但怀疑慧能是"作者"，则是无稽之谈。慧能虽然一字不识，自己不能写，不是直接的作者，但毕竟《坛经》是慧能讲述的，记载的是慧能求法的过程与讲法的内容。当今部分学者可能受胡适错误导向的影响，无意识地将焦点集中于"慧能与神会谁是真正的作者"这个问题上，但只要清楚地意识到《坛经》所讲述的"作者"究竟是谁，这个问题便不言而喻，不攻自破。

---

① 胡适：《荷泽大师神会传》，广东新兴国恩寺编《〈六祖坛经〉研究》（一），北京：中国大百科全书出版社，2003年，第35页。
② 潘重规：《敦煌本〈六祖坛经〉读后管见》，广东新兴国恩寺编《〈六祖坛经〉研究》（四），北京：中国大百科全书出版社，2003年，第163页。
③ 钱穆：《再论关于〈坛经〉真伪问题》，广东新兴国恩寺编《〈六祖坛经〉研究》（一），北京：中国大百科全书出版社，2003年，第201页。
④ 罗义俊：《当代关于〈坛经〉作者的一场争论——兼评胡适禅宗研究方法上的若干失误》，广东新兴国恩寺编《〈六祖坛经〉研究》（四），北京：中国大百科全书出版社，2003年，第288~289页。

第二章 版本甄别

《坛经》问世之后，便有多种版本同时存在。日本学者柳田圣山在其主编的《〈六祖坛经〉诸本集成》一书中收录了十一种《坛经》版本，石井修道在其"六祖坛经异本系统图"中列出了十四种版本，宇井伯寿在《禅宗史研究》一书中列出了近二十种，中国学者杨曾文则列出了近三十种。① 后人对版本内容并没有太多的争辩，然而 20 世纪初出现的敦煌本《坛经》，其内容与其他版本出入甚多，引起了中外学者长达数十年的争论。

对于诸本之间的关系，通常有两种观点：一是认为《坛经》有一个原本，后来各种版本都是在原本的基础上有所增补；二是认为《坛经》没有一个原本，晚出的版本其内容未必晚出。② 对于第一种观点，学者的看法又有所不同，或认为敦煌本《坛经》是最接近原本的古本，或认为敦煌本《坛经》就是原本，是法海所记的慧能大师讲法的实录，其他版本都是在敦煌本的基础上增删而成的。一般认为敦煌本《坛经》是"今日能够见到的最早写本，但不一定是最早的流行本"③。杨曾文认为敦煌本《坛经》最接近祖本，洪修平也认为"敦煌本是现存最古的本子，但不一定是历史上存在过的最早的本子"④。日本学者伊吹敦持相同的看法，他认为："敦煌本《坛经》确实保有最古的形态，不过这个抄本也不是原本。因为这个抄本中有很多用语不一致，还有内容上矛盾的地方。"⑤ 印顺法师也认为："以现存《坛经》本来说，敦煌本最古。但敦煌本已不是《坛经》原型，而有过补充、修改，这是古人所曾经明白

① 参见洪修平：《关于〈坛经〉的若干问题研究》，《世界宗教研究》1999 年第 2 期。
② 参见李申：《〈坛经〉版本刍议》，广东新兴国恩寺编《〈六祖坛经〉研究》（四），北京：中国大百科全书出版社，2003 年，第 74 页。
③ 杜继文、魏道儒：《中国禅宗通史》，南京：江苏古籍出版社，1993 年，第 179 页。
④ 洪修平：《关于〈坛经〉的若干问题研究》，《世界宗教研究》1999 年第 2 期。
⑤ ［日］伊吹敦：《敦煌本〈坛经〉是否为传授本》，广东新兴国恩寺编《〈六祖坛经〉研究》（四），北京：中国大百科全书出版社，2003 年，第 141 页。

说到的。"① 在他看来，敦煌本《坛经》是以"南方宗旨"本为底本，增补了些法统、禀承而成，而胡适认定的《坛经》最古本，其实至少已增补了两次。② 潘重规认为，虽然《坛经》早有人窜改，但岭南弟子私人的抄本是不容旁人窜改的，这一未经窜改的私人抄本，密藏在敦煌石窟中，千年后才被人发现，其接近原本的真实性是不容怀疑的。③ 而日本石井修道则认为《坛经》各本均源自敦煌本，胡适和周绍良也都认为敦煌本《坛经》是最古真本。持第二种观点的学者如任继愈先生，认为《坛经》的版本不只一种，有些版本成书时间虽然较迟，但思想可能更早，不能据敦煌本而说其他版本是伪造的。也有学者认为敦煌本《坛经》是节本，因其对慧能大师大梵寺说法以后的情况一笔带过，只提到"大师住漕溪山，〔于〕韶、广二州行化四十余年"（敦煌本《坛经》），对于行化所说的内容并没有记载。本书认为，大梵寺说法内容与此后行化所说内容是一致的，都是有关顿悟法的修持，所以无须赘述。再者，敦煌本《坛经》虽然字数较少，然而言简意赅，思想一以贯之，也有许多其他版本所没有的内容，如两首得法偈等。

学界希望通过对敦煌本《坛经》的研究以"窥见慧能《坛经》的原貌，从而进一步推动对禅宗的研究"④。方广锠认为："在敦煌本《坛经》已经大量被发现的今天，我以为排除所有其他系统《坛经》的干扰，纯粹采用敦煌本互校，作成一个敦煌本《坛经》的精校本，以作为进一步研究的基础或出发点，可能更有意义。"⑤ 敦煌本《坛经》"仍然是当前敦煌禅宗文献研究最热门的领域，我们期待着能代表敦煌禅籍研究最高水平的新成果不断问世，以解决此前因资料匮乏而久悬未决的问题"⑥。

---

① 释印顺：《中国禅宗史》，北京：中华书局，2010 年，第 234 页。
② 释印顺：《神会与〈坛经〉——评〈胡适禅宗史〉的一个重要问题》，广东新兴国恩寺编《〈六祖坛经〉研究》（一），北京：中国大百科全书出版社，2003 年，第 103~104 页。
③ 潘重规：《敦煌本〈六祖坛经〉读后管见》，广东新兴国恩寺编《〈六祖坛经〉研究》（四），北京：中国大百科全书出版社，2003 年，第 149~150 页。
④ 方广锠：《关于敦煌本〈坛经〉》，广东新兴国恩寺编《〈六祖坛经〉研究》（四），北京：中国大百科全书出版社，2003 年，第 188 页。
⑤ 方广锠：《关于敦煌本〈坛经〉》，广东新兴国恩寺编《〈六祖坛经〉研究》（四），北京：中国大百科全书出版社，2003 年，第 194 页。
⑥ 蒋宗福：《敦煌本〈坛经〉相关问题考辨》，《宗教学研究》2007 年第 4 期。

虽然不少学者认为敦煌本《坛经》是最古真本，也希望将其作为基础以促成禅宗的进一步研究，但目前尚未有人运用文学、语言学、心理学、哲学、宗教学等各领域的知识对其作出认真的考订并加以深入的研究。"对于敦煌本《坛经》的研究，主要集中在版本的校释、语言修辞的研究，以及《坛经》的主题思想，当然也包括《坛经》的著作者六祖慧能的一些思想观点等方面。"① 虽然郭朋、杨曾文、周绍良、潘重规等做了大量的校订与研究工作，但都没有对《坛经》诸多版本作进一步的真伪鉴别，也没有对敦煌本《坛经》进行系统的全方位研究，尤其是对其作出"见性"分析，因而难以找出确凿的证据加以认定。对于《坛经》的版本问题，周绍良在《敦煌写本〈坛经〉原本整理说明》一文中说：

> 《坛经》是禅宗一部重要典籍……宋代以前学者研习《坛经》的情况不详，但自宋代以后，大家研习的都是经过人们整理过的本子，最早慧能说法而由法海集记的原本，从来没有被人追踪而予以认定。由此可见，慧能的禅法思想还没能给人们以正确的认识。本世纪初，敦煌莫高窟藏经洞中出现了唐五代写本《坛经》，这是一桩重要发现。但经过七八十年，始终没有人对之加以认定，一直把它放在疑似之间，原因是没有人对它进行深入的研究。②

周绍良在《敦煌本〈六祖坛经〉是慧能的原本》一文中说："对于《坛经》的认识，总未能有所突破，原因就是像胡适这样的学者，他也没想用他本身提倡的'大胆假设，小心求证'的办法，来把原本《坛经》找出来，也没考虑敦煌发现的这本《坛经》的真正价值，仍然停留在'接近古本'的位置。"③ 他在《敦煌写本〈坛经〉之考定》一文中也说：

---

① 赵世金：《敦煌本〈六祖坛经〉近百年研究述评》，《2015敦煌学国际联络委员会通讯》，上海：上海古籍出版社，2015年，第134页。
② 周绍良：《敦煌写本〈坛经〉原本整理说明》，广东新兴国恩寺编《〈六祖坛经〉研究》（四），北京：中国大百科全书出版社，2003年，第5页。
③ 周绍良：《敦煌本〈六祖坛经〉是慧能的原本——〈敦博本禅籍校录〉序》，广东新兴国恩寺编《〈六祖坛经〉研究》（四），北京：中国大百科全书出版社，2003年，第27页。

　　敦煌发现的古写本禅宗六祖慧能《坛经》，是世界上最古老的一本《坛经》……可是这个写本已经发现了近一个世纪，研究《坛经》的人很多，而它却没有得到人们的重视，相反地却遭到相当的冷落，认为这只是一部"古简本"而已。原因是一些人受到相传古原本是一种繁本说法的蛊惑，而没有从考古学、历史学、语言学、文学、宗教学、比较学等等方面学科，认真地对这本《坛经》加以研究。①

　　《坛经》与《论语》《道德经》是影响中华文化的儒释道三大本土经典，禅宗始祖慧能与儒家始祖孔子、道家始祖老子并称"东方三圣"。《论语》和《道德经》几乎不存在版本的争议性问题，但《坛经》的版本争议性很大，影响了人们对《坛经》版本的正确选择。慧能是见性之人，所讲《坛经》是见性之法，但目前《坛经》版本甚多，玉石相混，真假难辨，不见慧能"大全之旨"。所以，还原《坛经》的本来面目，展现慧能的真实思想，对《坛经》版本的鉴别至关重要，这是研究和修行禅宗顿教法门的第一步，也是关键性的一步。方广锠认为，保持与恢复敦煌本的原貌，不但可能而且应该，甚至刻不容缓，"因为有些研究者依据被改窜的错误的整理本去从事惠能研究、禅宗研究、《坛经》研究，更使我们感到'保持与恢复敦煌本之原貌'这项工作的紧迫性"②。佛教修行人也依据错误的版本修行，难辨真"性"，为假"性"误导，最终不能走上见"性"成佛之路。

　　本书认为敦煌本《坛经》是目前发现的最真的原始古本，其原因有三：一是敦煌本《坛经》是目前发现的版本中年代最早的抄本，而且题名中直接注明"法海集记"；二是敦煌本《坛经》的语言错误比其他版本多③，这正反映了法海记录时的即席性，也反映了当时当地以及慧能的语言特色，说明此版本最古、最真；三是虽然敦煌本《坛经》的语言

---

① 周绍良：《敦煌写本〈坛经〉之考定》，广东新兴国恩寺编《〈六祖坛经〉研究》（四），北京：中国大百科全书出版社，2003年，第8页。
② 方广锠：《敦煌本〈坛经〉校释疏义》，《藏外佛教文献》2008年第1期。
③ 敦煌本《坛经》有六种抄本，语言错误有所不同，但都基于原始古本。

错误多，但多为通假字、缺字等，非本质性问题，并不影响对《坛经》思想的正确理解，是慧能见性思想的真实反映，而其他版本虽然语言错误少，但并没有真正见性，因而鱼目混珠，难以窥见慧能的真实思想，并非见性之本。

第一节　时间考证

《坛经》在长期的流传过程中经过人们不断的增补、修订，形成了许多不同的版本，不过最具代表性的有四种：敦煌本、惠昕本、契嵩本、宗宝本。杨曾文认为，《坛经》最早有一祖本，祖本分化为敦煌原本和惠昕原本；敦煌原本分化为敦煌本（斯坦因本）、敦博本等；惠昕原本分化为惠昕本和契嵩本，由惠昕本和契嵩本再分化出其他本子。[①]郭朋认为："真正独立的《坛经》本子，仍不外乎敦煌本（法海本）、惠昕本、契嵩本和宗宝本这四种本子；其余的，都不过是这四种本子中的一些不同的翻刻本或传抄本而已。"[②]

敦煌本《坛经》被认为是当时门人法海对慧能说法的实录，在慧能大梵寺说法的基础上，增加了慧能平日的言行、临终的付嘱等附录性资料，也称作"法海本"。学界通常认为，现存的敦煌本《坛经》由法海记录并经神会一系整理补充，作为传宗的依据。敦煌本《坛经》是不是最早的版本，亦即《坛经》祖本？从时间上来说，敦煌本《坛经》的确是目前发现的最早的抄本，其他版本的《坛经》都在该本的基础上作了修订。慧能圆寂于唐玄宗先天二年即公元713年，距今已有1300多年，而现在发现的最早的敦煌本《坛经》距慧能去世估计也有近70年的时间，因此学界一般认为敦煌本《坛经》完成于唐代中叶。杨曾文认为，《坛经》祖本最大的篇幅是记述慧能在大梵寺授无相戒和说摩诃般若的

---

① 参见杨曾文：《〈坛经〉演变示意图》，《敦煌新本〈六祖坛经〉》，北京：宗教文化出版社，2001年，第314页（或见附录五）。
② 郭朋：《坛经校释·序言》，北京：中华书局，1983年，第13页。

部分，后面附属缘记部分较少，而敦煌本《坛经》的主体部分与它差不多，缘记部分至少没有慧能死后二十年的预言，也没有禅宗祖统世系及传衣付法颂部分。[①] 在他看来，《坛经》祖本的成书时间当在慧能去世的唐先天二年（713）至神会在滑台与北宗僧人辩论禅门宗旨的开元二十年（732）左右，而敦煌本《坛经》成书于唐开元二十年（732）至贞元十七年（801）智炬（或作慧炬）撰《宝林传》之前。[②] 本书也赞同学界的观点，认为敦煌本《坛经》成书于悟真传法之时，约为建中元年（780）。[③]《坛经》祖本（除去敦煌本附益部分）在慧能圆寂不久就应完成，不会等到神会滑台定禅门宗旨之时。从法海本"已后传法，递相教授一卷《坛经》，不失本宗。不禀受《坛经》，非我宗旨"可以看出，慧能亲自认定过《坛经》，到此时《坛经》祖本的主体部分已完成，后面部分（附益传承体系之前）是随后一段时间内增补的，不会等慧能圆寂后二十年左右才完成。

一般认为，敦煌本《坛经》是由慧能讲述、刺史韦据令法海等集记后再加工整理而成的手写本，完成于唐代中叶，约12000字，文字质朴，不分品目，全名为"南宗顿教最上大乘摩诃般若波罗蜜经六祖惠能大师于韶州大梵寺施法坛经一卷"，下署"兼受无相戒弘法弟子法海集记"，卷末题为"南宗顿教最上大乘坛经一卷"，称为"法海集本"。敦煌本《坛经》又有六种写本：（1）大英博物馆藏敦煌斯坦因本，简称斯本，亦称敦煌本或英博本，即 S.5475 写本；（2）敦煌博物馆藏敦煌写本，简称敦博本，即 077 号写本；（3）旅顺博物馆藏敦煌写本，简称旅博本，即 06947 号写本；（4）北京图书馆藏敦煌写本，简称北本，即冈字48号写本；（5）北京图书馆藏敦煌写本残片，简称北残本，即有字79号残片，新编号为北敦 08958 号；（6）西夏文写本残片，简称西夏本。前五

---

① 杨曾文：《〈六祖坛经〉诸本的演变和慧能的禅法思想》，广东新兴国恩寺编《〈六祖坛经〉研究》（二），北京：中国大百科全书出版社，2003 年，第 220 页。

② 杨曾文：《〈六祖坛经〉诸本的演变和慧能的禅法思想》，广东新兴国恩寺编《〈六祖坛经〉研究》（二），北京：中国大百科全书出版社，2003 年，第 220 页。

③ 印顺法师认为："悟真为慧能的再传弟子，弘法的时代，约为 750 年前后。"（《中国禅宗史》，北京：中华书局，2010 年，第 254 页）

个版本为汉文写本，第六个版本由西夏文写成，正文完整的是斯本、敦博本和旅博本，其他三个写本残缺不全，抄写年代学界认为大致是在盛唐至五代之间。

学界通常称斯坦因本为敦煌本，并且认为这是现存《坛经》的最古真本，对敦煌本《坛经》的研究在相当长的一段时间内大抵基于该版本，郭朋"直认敦煌本《坛经》就是法海所记录的《坛经》，因而称敦煌本为法海本"①。该本由日本学者矢吹庆辉在20世纪20年代从伦敦大英博物馆藏的敦煌卷子中发现后影印公布，校订后收入《大正藏》第48卷。敦博本最初由任子宜于1935年在敦煌千佛山上寺发现，向达先生于1943年在其所撰写的《西征小记》中做了著录，但后来下落不明。周绍良等于1983年在敦煌县博物馆发现了此抄本并拍成了照片，影印收录于《中国佛教丛书·禅宗编》。杨曾文对敦博本进行了校对和研究，认为敦博本与敦煌本题名一致，内容也没有多大差别，二者很有可能抄自同一个底本。② 不过，敦博本字迹比敦煌本更清晰，而且错讹、脱落之处较少，敦煌本漏抄了三行68字，而敦博本此三行稍作校正即可连接成句，因此敦博本比敦煌本更完整，更有研究价值。方广锠认为："这是现知敦煌本《坛经》中抄写质量最高，校勘、研究价值最大者。"③ 周绍良说："过去研究者据伦敦藏本加以臆测、考证、订补之处，得此本而霍然，毋庸费辞矣。"④ 杨曾文说："《坛经》敦博本是敦煌本的同源异抄本，它的发表可以补敦煌本的不足，为《坛经》和禅宗研究提供新的资料。"⑤ 旅博本最初是由日本大谷探险队成员吉川小一郎在敦煌得到的，曾藏于旅顺博物馆，但后来下落不明，日本龙谷大学图书馆现藏有此本首尾两页的照片。幸运的是，旅顺博物馆于2009年整理馆藏文物时意外

---

① 李申：《〈坛经〉版本刍议》，广东新兴国恩寺编《〈六祖坛经〉研究》（四），北京：中国大百科全书出版社，2003年，第75页。

② 参见杨曾文：《敦煌新本〈六祖坛经〉》，北京：宗教文化出版社，2001年，第3页。

③ 方广锠：《关于敦煌本〈坛经〉》，广东新兴国恩寺编《〈六祖坛经〉研究》（四），北京：中国大百科全书出版社，2003年，第191页。

④ 周绍良：《敦煌新本〈六祖坛经〉序》，广东新兴国恩寺编《〈六祖坛经〉研究》（四），北京：中国大百科全书出版社，2003年，第52页。

⑤ 杨曾文：《敦煌新本〈六祖坛经〉自序》，广东新兴国恩寺编《〈六祖坛经〉研究》（四），北京：中国大百科全书出版社，2003年，第57页。

地发现保存完好的旅博本《坛经》。学界通常认为敦煌本早于旅博本，旅博本早于敦博本。藏于北京图书馆的冈字 48 号，只抄写了《坛经》的后面部分，有尾题。藏于北京图书馆的另一个敦煌写本残片即北残本，是方广锠先生于 1997 年整理北图所藏敦煌遗书时鉴定出来的，仅一纸，前 5 行抄有经文，后 5 行空白，首被剪断，尾脱。敦煌本、旅博本、敦博本为册子本，北图所藏二种为卷轴本。"敦煌本《坛经》既有卷轴本，又有册子本，两种流传形态反映了时代的差异，亦即反映了南宗神会系曾经在敦煌长期流传，绵绵不绝。"① 册子本是当时南方流行的形式，据周绍良推测，这可能是粤越僧人自广东地区带来的。② 西夏文写本残片是根据汉文《坛经》翻译而成的，最早发现于 20 世纪 20 年代，后又续有发现，现分藏各处，共计 12 个残页，无论行文还是年代与流行地域都与敦煌本很接近，因而有些研究者认为其底本就是敦煌本。③ 周绍良认为，这些抄本虽有脱落、衍误，但从整体上看应属同一个体系，从这里可以考定，无论是敦煌地区还是非敦煌地区，《坛经》的流传在五代以前只有一个本子，这就是法海集记的原本。④

惠昕本《坛经》完成于晚唐（或宋初）⑤，由僧人惠昕改编，题为《六祖坛经》，分上、下两卷，共十一门，约 14000 字。由于惠昕本最早是在日本京都兴圣寺发现的，故又称兴圣寺本，日本名古屋真福寺、石川县大乘寺和金山天宁寺等都有它的刊本或异抄本。兴圣寺的惠昕本前有惠昕署名之序"依真小师邕州罗秀山惠进禅院沙门惠昕述"，后有晁子健的再刊记"绍兴二十三年六月二十日，右奉议郎权通判蕲州军州事

---

① 方广锠：《关于敦煌本〈坛经〉》，广东新兴国恩寺编《〈六祖坛经〉研究》（四），北京：中国大百科全书出版社，2003 年，第 193 页。
② 周绍良：《敦煌新本〈六祖坛经〉序》，广东新兴国恩寺编《〈六祖坛经〉研究》（四），北京：中国大百科全书出版社，2003 年，第 51 页。
③ 参见方广锠：《关于敦煌本〈坛经〉》，广东新兴国恩寺编《〈六祖坛经〉研究》（四），北京：中国大百科全书出版社，2003 年，第 194~195 页。
④ 周绍良：《敦煌写本〈坛经〉原本整理说明》，广东新兴国恩寺编《〈六祖坛经〉研究》（四），北京：中国大百科全书出版社，2003 年，第 7 页。
⑤ 郭朋据《郡斋读书志》等称此本《坛经》为"唐僧惠昕撰"的有关记载，认为惠昕"当为唐人"（《中国佛教思想史》中卷，1994 年，第 406 页），故"惠昕本在晚唐"（《坛经校释·序言》，1983 年，第 14 页）；不过，学界通常根据胡适的考定，认为惠昕本约改编于 967 年，为宋初之本。（参见洪修平：《关于〈坛经〉的若干问题研究》，《世界宗教研究》1999 年第 2 期）

晁子健谨记"，其序云："故我六祖大师，广为学徒直说见性法门，总令自悟成佛，目曰《坛经》，流传后学。古本文繁，披览之徒，初忻后厌。余以太岁丁卯，月在蕤宾，二十三日辛亥，于思迎塔院，分为两卷，凡十一门，贵接后来同见佛性者。"胡适考证后认定，惠昕于北宋乾德五年（967）将《坛经》改定为两卷十一门，"此本的祖本是十世纪的写本，距离那敦煌写本应该不很远了"①。不过，胡适又对成书于绍兴二十一年（1151）前的南宋晁公武《郡斋读书志》和马端临《文献通考·经籍考》中关于惠昕本《坛经》三卷十六门②的记载进行分析，断定在蕲州刻的惠昕二卷十一门本之前，早已有一部三卷十六门的惠昕本在社会上流通了。胡适认为，从天圣九年（1031）至绍兴二十一年（1151）这一百二十年间，惠昕的二卷十一门《坛经》已被人改换成了三卷十六门，而对于那部三卷十六门的惠昕本，虽然我们没有见过，但可以推测也许是北宋至和三年（1056）契嵩的改本。在胡适看来，契嵩用所得的"曹溪古本"即《曹溪大师别传》，对惠昕"俗本"即二卷十一门本进行改定，改定之后仍用惠昕之名。胡适指出，敦煌本慧能临终的"悬记"，契嵩用《曹溪大师别传》的悬记作了改换，而只有惠昕古本即二卷十一门本的悬记与敦煌本相同。胡适最后得出结论，认为只有两个本子是契嵩以前的古本，一是敦煌不分卷写本，二是惠昕二卷十一门本，并将惠昕古本称为"人间第二最古的《坛经》"。③

北宋僧人契嵩依据"曹溪古本"又将《坛经》进行改编，约成书于宋仁宗至和三年（1056）。现存的契嵩本是明代的本子，全称为《六祖大师法宝坛经曹溪原本》，简称《曹溪原本》，共一卷十品，20000余字，故又称为"明藏本"或"曹溪原本"。宋吏部侍郎郎简所撰《六祖法宝记叙》一文称契嵩得"曹溪古本校之，勒成三卷"，可知现存的契嵩本

---

① 胡适：《〈坛经〉考之二》，广东新兴国恩寺编《〈六祖坛经〉研究》（一），北京：中国大百科全书出版社，2003年，第12页。

② 杨曾文据日本学者石井修道对真福寺本的介绍，认为《郡斋读书志》和《文献通考·经籍考》中有关惠昕有三卷十六门的说法是错误的，因为真福寺本和大乘寺本一样都只有二卷十一门（参见杨曾文：《敦煌新本〈六祖坛经〉》，北京：宗教文化出版社，2001年，第205～206页）。

③ 有关这段内容，参见胡适：《〈坛经〉考之二》，广东新兴国恩寺编《〈六祖坛经〉研究》（一），北京：中国大百科全书出版社，2003年，第13～14页。

可能已不是契嵩最初所改编的三卷本。胡适认为明藏本即为契嵩本，而印顺法师却认为明藏本是宗宝本。洪修平认为，以"明藏本"来指称《坛经》本子容易造成混乱，且沿用"曹溪原本"之称也似乎不妥，因为现存的契嵩本基本上可以肯定不是《坛经》的"原本"，这与目前学术界正在讨论的有关《坛经》最早的"原本"或"祖本"等问题相混淆。①

元代僧人德异刊印于至元二十七年（1290）的"德异本"也是一卷十品，正文与《曹溪原本》一样，只是附记有所不同。德异在《六祖法宝坛经序》中说："惜乎！《坛经》为后人节略太多，不见六祖大全之旨。德异幼年尝见古本，自后遍求三十余载，近得通上人寻到全文，遂刊于吴中休休禅庵，与诸胜士同一受用。"因此，"德异本"又称休休庵本。休休庵本刊行后，还曾在元延祐三年（1316）再次刊印，自高丽传入日本，故又称"延祐本"。

元代僧人宗宝再将《坛经》进行改编，刊行于至元二十八年（1291），题名《六祖大师法宝坛经》，在法海本未发现之前为最常见的流通本，流行700多年，故又称流通本，共一卷十品，20000余字。实际上，德异本和宗宝本都是在契嵩本的基础上演变而来的，属于同一个系统。自明代以来，宗宝本《坛经》几乎成为唯一的流通本，僧人、信徒都视宗宝本《坛经》为理所当然的《坛经》版本。

从上面对《坛经》版本的流变分析中可知，敦煌本《坛经》产生的年代最早，距慧能寂灭最近，可以初步判断是目前发现的最古真本。胡适指出，敦煌本《坛经》慧能临终时的预言，即所谓"悬记"，与明藏本（契嵩本）不同，明藏本据《曹溪大师别传》中的"悬记"作了修改，可证敦煌写本是《坛经》最古之本。② 印顺法师虽然否认敦煌本《坛经》是最古真本，但他认为敦煌本是"现存各本《坛经》中最古

---

① 洪修平：《关于〈坛经〉的若干问题研究》，《世界宗教研究》1999 年第 2 期。
② 胡适：《〈坛经〉考之一》，广东新兴国恩寺编《〈六祖坛经〉研究》（一），北京：中国大百科全书出版社，2003 年，第 3～4 页。

本"①。潘重规认为，从敦煌写本的题目可以看出，敦煌本是最接近原本的抄本。② 在他看来，"从最早的刻本来观察增改的情况，更可证明敦煌本确是现存行世的最早写本，亦是最接近原本的写本。"③ 宇井伯寿说："在《坛经》各本当中的敦煌本为最古，它是后来各本《坛经》的基础。"④ 郭朋认为，最初《坛经》只有一个本子，就是法海当时的记录本，也就是后来的煌敦写本。⑤ 周绍良认为，敦煌本《坛经》应该是"原本"，是唯一的"原本"，在惠昕整理《坛经》之前，再没有其他原本了，这是可以肯定的。⑥

第二节　语言错误比较

随着 20 世纪初敦煌文献的发现和整理，学术界对禅宗语言产生了浓厚的兴趣。敦煌本《坛经》偏重于只言片语的记录而不注重篇章结构和文采修饰，"《坛经》的体裁便是白话语录的始祖"⑦。梁启超最早对禅宗语录的文学价值、历史价值进行阐述。冯友兰对禅宗语言哲学研究做出了贡献，是较早对禅宗言说方式的独特价值进行发掘之人；在他看来，禅宗言说的特点是"负底方法"，即所谓"遮诠"式；冯友兰的研究开启了对禅宗神秘玄虚的言辞后所蕴藏的哲学意义思考的先风。⑧ 对于敦煌本《坛经》，蒋绍愚从语言角度评论说，作为唐五代近代汉语研究资料，敦煌写本的《六祖坛经》是可靠的。⑨ 这说明"《六祖坛经》敦煌本

---

① 释印顺：《中国禅宗史》，北京：中华书局，2010 年，第 232 页。
② 潘重规：《敦煌本〈六祖坛经〉读后管见》，广东新兴国恩寺编《〈六祖坛经〉研究》（四），北京：中国大百科全书出版社，2003 年，第 148 页。
③ 潘重规：《敦煌本〈六祖坛经〉读后管见》，广东新兴国恩寺编《〈六祖坛经〉研究》（四），北京：中国大百科全书出版社，2003 年，第 154 页。
④ ［日］宇井伯寿著，杨曾文选译：《〈坛经〉考》，广东新兴国恩寺编《〈六祖坛经〉研究》（四），北京：中国大百科全书出版社，2003 年，第 278 页。
⑤ 郭朋：《隋唐佛教》，济南：齐鲁书社，1980 年，第 534 页。
⑥ 周绍良：《敦煌写本〈坛经〉之考定》，广东新兴国恩寺编《〈六祖坛经〉研究》（四），北京：中国大百科全书出版社，2003 年，第 13 页。
⑦ 胡适：《国语文学史》，合肥：安徽教育出版社，2006 年，第 52 页。
⑧ 王雅平：《禅宗的中国化及研究述评》，《学海》2015 年第 4 期。
⑨ 蒋绍愚：《近代汉语研究概要》，北京：北京大学出版社，2005 年，第 16～17 页。

比较古朴，还保留了一些古代汉语的语法现象"①。

敦煌本《坛经》是随听随记的口语体形式，所以里面的语言错误比其他版本多。只因敦煌写本"文繁"，研究者一直轻视写本。有人认为其他版本如惠昕本才是最纯正的，因而也是最早的。笔者认为，这正好说明敦煌本《坛经》最古、最真，其他版本在此基础上进行了修改、润色，所以语言方面的错误较少。潘重规认为，早期《坛经》是法海等人听慧能讲法时的记录，随听随记，口语形式，不分章节，文字简朴；而后世流通本力求悦目易晓，故章节分明，文辞华美，内容丰富，刻意性强。② 他指出，惠昕本在"可不是达摩大师宗旨"下加一"乎"字，"大师言是"下加"公曰"二字，"弟子见说达摩"改为"弟子闻达摩"，试图润色口语，使之变为文言。③ 周绍良也认为，敦煌本《坛经》是慧能弟子随时陆续记下的，没有增饰的痕迹，不加文采，一段段地按真实情况记录，所以有的彼此衔接，有的却孤立成段。④ 周绍良从方言、俗语、历史背景等方面来确认《坛经》是唐代作品，而惠昕是作了改动的，如"秀上座去数日，作偈不得"中，惠昕本将"去数日"改为"经数日"，"不得"改为"不成"，这已经是宋代语言了。⑤ 敦煌本《坛经》所反映的正是法海等人随记随录、不加圆饰的特征。譬如"我此法门，从上已来顿渐皆立"中的"此"，敦博本等三抄本皆作"自"，这里可能是因为法海等记录时误将"此"听成了"自"，由此可以看出集记者记录时的即席性，而惠昕本将之改为"此"，是作了改动的。再如慧能给韦刺史等众人讲述"外有六门，——内有意门"时，也许慧能当时想说，总共有六门，结果说溜了嘴，说成了"外有六门"，于是赶紧补上以解释说明里面还有"意门"，这正好说明是法海等人当时的真实记录。惠昕本

---

① 吴玢：《建国以来关于〈坛经〉的研究综述》，《华中人文论丛》2012 年第 2 期。
② 潘重规：《敦煌本〈六祖坛经〉读后管见》，广东新兴国恩寺编《〈六祖坛经〉研究》（四），北京：中国大百科全书出版社，2003 年，第 151 页。
③ 潘重规：《敦煌本〈六祖坛经〉读后管见》，广东新兴国恩寺编《〈六祖坛经〉研究》（四），北京：中国大百科全书出版社，2003 年，第 154 页。
④ 周绍良：《敦煌写本〈坛经〉之考定》，广东新兴国恩寺编《〈六祖坛经〉研究》（四），北京：中国大百科全书出版社，2003 年，第 23 页。
⑤ 周绍良：《敦煌写本〈坛经〉之考定》，广东新兴国恩寺编《〈六祖坛经〉研究》（四），北京：中国大百科全书出版社，2003 年，第 13 页。

等将之改为"外有五门，内有意门"，虽然是正确的，但显然是在敦煌本上所作的修改。从上面这些可以看出，敦煌本《坛经》才是原始的《坛经》版本，后面的几个版本都在其上作了改动。

敦煌本出现语言错误的原因有三：一是当时和当地的方言以及慧能本人的语言特色，二是法海等记录者的语言水平，三是抄写者（包括记录者）粗心所致。第一种算不上错误，只是与后世不同，或是当地方言，或是慧能个人用语，而被后人认为是错误的。例如，"忧吾不知去处在"，如果是书面语，则最后的"在"就不应加，这可能就是当地方言，或是慧能的语言特色。又如，"今保世间学道者，不于此是大悠悠"中"保"，可能就是"保"，不应通"报"，意即"保证"，此句意思是"今天保证世间学道之人，如果不按照这样去修行，就是'大悠悠'，蹉跎岁月"。再如，"汝与吾至漕溪山……记取却来与吾说，看惠（慧）能见解与吾谁疾迟"中有三个"与"，第一个容易被人误解为"和"，认为神秀叫志诚跟他一起去曹溪山拜见慧能，其实是叫志诚"给"他去曹溪山，含有命令之意，而不是两人一起去；第二个"与"也可以解释为"给"，但意思不同，最后一个可释为"跟"。潘重规认为，"许多敦煌写本中我们认为是讹误的文字，实在是当时约定俗成的文字"，"敦煌写本确是当时普遍通行的抄本，并非被后世轻视的所谓误本恶本"。[①] 由于还没有找到敦煌原本，敦煌各种抄本中所犯的语言错误主要是通假字、错字、缺字或衍文，其中一部分或是当时当地的语言特色，或是法海等人记录时集记者的文字水平不高或不够细心所造成的。不过，这主要还是抄写者不够认真仔细，而且语言与佛学功底也不够深厚，因而没有正确理解文本，照抄原本时由于原本字迹不甚清楚而误抄、讹抄。例如，斯本、旅博本、郭博本都将"曰"写成了"日"，斯本和旅博本通常将"明"抄成"朋"，而敦博本通常将左边的"日"抄成"目"，只抄对了"明日下手"中的"明"。敦煌本《坛经》的文字错误还表现在：一是通

---

① 潘重规：《敦煌本〈六祖坛经〉读后管见》，广东新兴国恩寺编《〈六祖坛经〉研究》（四），北京：中国大百科全书出版社，2003年，第146~147页。

假字，如"惠（慧）""受（授）无相戒""违（韦）""官寮（僚）""净（静）""吾（悟）""自到（倒）""由（犹）如"，等等；因为《坛经》由慧能弟子法海等集记，不是一人所为，所以通假字也有不一的情况，如"受"字有时就是"授"，无须改正。二是非通假字，包括错字、缺字或衍文，错字如"事（秉）烛"（敦博本）中的"事"，"到如禅（弹）指"（敦博本和斯本）中的"禅"，"法达（华）经"（敦博本、斯本和旅博本）中的"达"；缺字如"无相〔戒〕"中的"戒"与"除〔十〕恶"中的"十"等，三本皆缺；衍文如"焚香偈前｛人｝"（斯本和旅博本）中的"人"，"自性〔居〕起用对"（敦博本、斯本和旅博本）中的"居"，等等。

敦煌本《坛经》虽然错别字较多，但在佛理方面并没有什么太大的错误，只是个别地方有点模糊，或是慧能口语表达的原因，或是内容太多，一时也记不住说多了或说溜了嘴。例如，"性含万法是大，万法尽是自性"中"万法尽是自性"有悖佛理，根据前面的意思，这里应改为"万法尽在自性"。又如，"十二对"和"十九对"分别多说了一对，"自性起用对有十九对"误说成"三身有三对"，也许是集记者记录时没有太留意而误写了，过后也没有认真校对。不过，这些问题并非本质性的，对文本的理解并不能产生太大的影响。文字书写反映的是集记者或抄写者的文化水平，而敦煌本《坛经》的深刻见解则属于慧能，展现的是慧能的深邃思想，是慧能见性成佛后通达无碍的境界的反映。任继愈认为，敦煌本《坛经》虽然错字、别字连篇累牍，说明传抄者的文化水平不高，但其中道理却不可低估，见解是深刻的。[①]"集记"二字表明《坛经》不是法海一人所记，而只是法海汇总各弟子或各记录者所记，相信所记之核心法义都出自慧能。[②]

敦煌本《坛经》语法或逻辑方面的问题很少，不会影响对经文的正确理解。例如，在阐释"外善知识"与"内善知识"对凡夫的解脱所起

---

① 任继愈：《敦煌〈坛经〉写本跋》，广东新兴国恩寺编《〈六祖坛经〉研究》（五），北京：中国大百科全书出版社，2003年，第7～8页。
② 谢劲松：《禅宗心性论》，武汉：湖北人民出版社，2015年，第23页。

的作用时，慧能说："若取外求善知识，望得解脱，无有是处。识自心内善知识，即得解脱。""若取外求"语法似乎有问题，应是"若求外"，这可能是慧能自己的语言特色。很显然，凡夫解脱依靠的是自心中的"内善知识"而非"外善知识"。然而，后面"若自心邪迷，妄念颠倒，外善知识即有教授。汝若不得自悟，当起般若观照"似乎与之矛盾。后面一句的逻辑关系是：如果自心邪迷颠倒，不能自悟，需求外善知识开示正道以启悟自性，外善知识即有所指教，有所帮助，但外善知识只是一种助缘，最终解脱还得靠自心"内善知识"；如果业障深重，外善知识启示指教还不能有所领悟，就应加强自身的修养，铲除业障，逐渐开启自性中的般若智慧进行观照，最终获得解脱。这说明慧能的思维不是混乱的，只是这里的表述不是很清楚，造成前后逻辑上的不一致，门人只是如实记录而已。由于是口语体的形式，不像书面语言那么规范，有时慧能说完一句后又顺口对前面作出补充或又提及前面的内容，造成了结构的模糊。例如，"三科法门"中顺序有点混乱，在阐释完"六尘""六门"后，慧能接着解释"六识"，其后又顺口总结"六门、六尘"（不是"六尘、六门"）而没有提及"六识"，或者说"六门、六尘"应放在"六识"之前。不过，这并不影响对经文的理解，读者都知道"六门、六尘"是指前面的"六尘、六门"而不是"六识"。有时集记者可能不够仔细，没有对通假字作出判断。例如，"莫（若）定心坐，即落无记（际）空，能含日月星辰……尽在空中"中"莫"应通"若"，才能与后面"即"产生逻辑上的关联，"莫"与"若"发音相近，可能慧能说时集记者没有听清楚；同理，"记"应通"际"，也才能与后面发生逻辑关系，可能集记者不甚明了"无际"之意，而用佛教术语"无记"代之。蒋宗福认为："敦煌本《坛经》并非完美无缺，对它有一个实事求是的认识则是应该的。"[1]

这一切正好说明敦煌本《坛经》是按照慧能的讲话实录的，文辞质朴，但其思想内容一以贯之，体现了慧能的见性思想。慧能虽不识字，

---

[1] 蒋宗福：《敦煌本〈坛经〉相关问题考辨》，《宗教学研究》2007 年第 4 期。

但已见性成佛，因而所说是见性之法。其他版本试图纠正敦煌本《坛经》的语言错误，对文本进行加工润色，把口语改成了文言，并对其内容不够详尽的地方加以补充，使之更有文采，更浅显易懂、通顺流畅，以便通行于后世。虽然有些改动还是不错的，如"智如日，慧如月"〔法海本"惠（慧）如日，智如月"〕、"邪迷之时魔在舍，正见之时佛在堂"（法海本"邪见之人魔在舍，正见之人佛即过"）、"佛法在世间，不离世间觉"（法海本"法元在世间，于世出世间"）等，又如在"谤法直言"前加"执空之人"，使其表达更清楚。但是，多数情况下惠昕等人的增删不得要领，反而暴露了自身未见性之处。

第三节　见性与否考证

《坛经》的发展演变是一个由简到繁的过程，即敦煌本→惠昕本→契嵩本→宗宝本等。从形式上看，敦煌本《坛经》不分品节，只有段落，反映了原始记录的痕迹，而其他晚出的版本则进行了加工整理，分了品目，有了章节，更有条理。从内容上来看，敦煌本和其余三本颇有出入。惠昕本在敦煌本的基础上作了不少改动，增删了不少内容，试图对较为简约的敦煌本进行补充，尤其是对其缺少的故事情节加以增补，使故事更完善，更富有逻辑性，同时对认为不合理或多余之处加以删除。契嵩本又在惠昕本的基础上作了大量的改动，添加了许多内容，而宗宝本只是在契嵩本的基础上对文本的内容、编排略作改动而已。

惠昕等人对《坛经》有意识地分章节和增删内容，正好显露了自己未见性思想。人为地分品目和章节，割裂了《坛经》核心思想的连贯性与一致性，使得文本呈现出非自然、非即席性的特征。这种做法并不符合《坛经》原意，因为《坛经》思想一以贯之，自成体系，始终围绕着两大主题——"无相"与"顿悟"之间的关系展开。后世《坛经》增改者未能达至慧能"见性"的境地，只能根据自己的境界悟道，对《坛经》的讲解必然有出入。随意增删内容，使慧能的见性思想与增改者的非见性思想混杂，影响了后人对《坛经》大乘思想的正确把握。见性与否才是《坛经》各版本最主要的区别，敦煌本《坛经》是见性之本，是最可靠、最原始的古本。

目前对《坛经》版本的鉴别主要基于"外部"线索，即从考古学、考据学、文献学等角度对版本的来源、历史事实等进行考证，如胡适所做的考证即是。不过，这种鉴别忽略了对文本"内部"线索的把握，即对《坛经》语言、语义、修辞以及佛教义理等方面的分析，从而忽视了对《坛经》文本做出"见性"考证，而这才是甄别祖本最可靠的依据。所以，判断哪一个版本是最古真本，关键在于文本细读，从杂多的版本中识别出见性之本。所谓"见性"即见到佛性，佛性乃不二之法。吉藏以否定性"不二"的方式诠释中道佛性，他说："佛性者，名第一义空。第一义空名为智慧……不见智与不智，即不见空除空，不见不空除不空，除智又除不智。远离二边，名圣中道。"① 因此，"见性"就是见到不二之中道佛性，也即达到非空非有的大乘中道境界，由此才能辨别出执着"空"而否定缘起的其他版本僧人的小乘境界。

佛教所说的"转迷为悟"就是转无意识为有意识。当无意识全部转为了有意识时就大彻大悟、见性成佛了，也就达到了中道不二的佛之境界。《坛经》诸多版本的作者是否见性，就要看其是否把无意识完全转成了有意识。如果还在"转迷为悟"的过程中，在其版本中则会无意识流露出小乘"空"的痕迹，由此可以推断此版本并非原初的法海本，所增加的内容不是慧能的真实思想或亲身经历。要进行版本甄别，鉴别敦煌本《坛经》是不是原始古本，首先要了解慧能是否达到佛的境界，慧能所说之《坛经》（敦煌本）是不是见性之法。如果慧能没有见性，怎能给后人讲述见性之法？当然，见性之人也会犯一些"糊涂"之事，但这并非本质性的问题。

---

① 《大正藏》第 45 册，第 37 页上。

一、慧能的境界

(一)《坛经》为佛经

《坛经》是研究早期禅宗思想的重要依据,也是顿悟法门的主要经典,是唯一一部由中国人演说而被称为"经"的佛教典籍。慧能及其《坛经》在中国佛教史上的地位和影响,用汤用彤的话说,"实于达磨禅学有重大发展,为中华佛学之创造也"[①]。慧能所创立的"六祖南禅成了中国禅宗的主流,使'中国佛教的特质在禅',对中华民族的文化思想与精神产生了深刻而广泛的影响,也对熔铸东方文明的精神内核积聚了深厚而有益的滋养"[②]。

《坛经》被尊称为由中国人讲述的唯一一部"佛经",与释迦牟尼佛所讲的佛经具有同等地位,说明慧能达到了与释迦牟尼佛同等的佛之境界,所说之《坛经》为见性之法。按照佛教的传统教义,只有创始人释迦牟尼宣说之语才能称为"经",而弟子的著作、言论只能称为"论"。然而,慧能所述之"法"却被称为"经",这在佛教史上绝无仅有。由此而知《坛经》地位之高,实为一部佛经,而说法之人慧能即是再来佛。"《坛经》以其独特的语录形式,建立了完全是属于惠能自己的佛学体系。虽然这一体系并没有离开大乘佛教这个总的框架,但却打破了印度佛教即'佛说'的绝对权威,在中国僧人的心目中确立了可以取代'佛说',或者与'佛说'相提并论的中国佛教的权威。"[③]

慧能做出的巨大贡献就在于,一是简化佛经,使繁琐的佛教经典简易化,舍弃了繁杂的佛教经论义理,完全转到"心性"上来,实现了从对外在形式的追求到内在心性修养的转变,使中国佛教产生了巨大的变革,正如陈寅恪称赞慧能:"特提出直指人心、见性成佛之旨,一扫僧

---

① 汤用彤:《隋唐佛教史稿》,北京:中华书局,1982年,第189页。
② 释如禅:见"序五",广东新兴国恩寺编《〈六祖坛经〉研究》(一),北京:中国大百科全书出版社,2003年,第15页。
③ 李富华:《〈坛经〉的书名、版本与内容》,广东新兴国恩寺编《〈六祖坛经〉研究》(二),北京:中国大百科全书出版社,2003年,第254页。

徒繁琐章句之学，摧陷廓清，发聋振聩，固吾国佛教史上一大事也！"①
二是把印度佛教中国化、大众化、平民化，为普通人所能接受，哪怕一
字不识，只要"无相"，便可顿见佛性，顿悟成佛，"只要一念相应就得
以呈现即顿悟的，以进入当下与本初、瞬间与永恒、个体与整体统一的
精神境界"②。慧能被视为禅宗的真正创始人、中国佛教的始祖，因而
《坛经》为佛所说之经。

（二）心明便悟与言下便悟

《坛经》两次讲到慧能之"悟"。这里的"悟"指"开悟"，即"大
彻大悟"，是见性之"悟"，不是小悟或渐悟。悟有两种：一种是解悟，
一种是证悟。解悟指在对佛理通透的理解上产生的对某一佛理的顿然领
悟，但还是属于小悟或渐悟，这是就理论而言的。证悟即见性，指在正
确把握佛理的基础上，依靠正见的指导，通过精进的修行，最终大彻大
悟，得证佛果。也就是说，证悟是理论认知与修行实践相结合而取得的
最终结果。慧能之"悟"便是证悟，是明心见性的顿悟。

慧能第一次开悟是在年少之时。一次他到街市卖柴，偶然听闻一人
念诵《金刚经》，慧能一听即"心明便悟"。这里的"悟"不是小悟，而
是"大彻大悟"。慧能悟到的是佛理的整体而不是局部，是佛教的精髓、
佛法的核心，即佛性。"佛性"是人所本具的佛之本性，具有圆满的慈
悲和智慧。也就是说，慧能一听闻《金刚经》便见性成佛了。慧能虽不
识字，但他是大乘根性之人，所以一听闻《金刚经》便"心明便悟"，
顿见本性。

第二次开悟是在慧能呈偈后，弘忍便知慧能已见性，于是夜至三
更，叫慧能入其堂内讲说《金刚经》，慧能一听，"言下便悟"。这次的
"悟"也是开悟，与前面一致，不是次第关系。慧能在后面讲述内外善
知识时，也说自己听闻弘忍讲《金刚经》时便"言下大悟，顿见真如本

---

① 陈寅恪：《论韩愈》，《金明馆丛稿初编》，北京：生活·读书·新知三联书店，2001年，第321页。
② 方立天：《性净自悟——慧能〈坛经〉的心性论》，《哲学研究》1994年第5期。

性"。"顿见真如本性"即见性成佛。虽然慧能没有明确说自己已成佛，但此句即包含此意。据《律藏》与《阿含经》所说，在佛陀时代，佛法就是靠佛陀亲口传授，耳提面命，无经可读，然而"言下大悟"者不可胜数。

慧能一字不识，既没有理论基础，也没有佛教实践，为什么一听闻《金刚经》便开悟了呢？佛法和世间法属于不同的领域，不能用世间法诠释佛法，认为世间的知识越多越能开悟。从佛法的角度来讲，执着世间法更容易形成"法执"，从而障碍我们明心见性。从后面的"宿业有缘"可以看出，慧能由于多生多世的修行，已跟佛法结下了深厚的缘分，早已修成了大乘根性，所以一闻《金刚经》便明心见性，直了成佛。其实，慧能早已成佛，《金刚经》只是一种助缘。听闻《金刚经》便激活了他无意识深处阿赖耶识的佛性种子，于是顿然醒悟，明见佛性。《金刚经》是大乘经典，是佛对菩萨所说之法，唯有大乘根性之人才能顿悟，顿超十地，顿见佛性。《金刚经》的核心思想就是"空"，唯有上根性的菩萨才能证悟空性，见性成佛。慧能是来表法而示现给众生看的，告知世人，成佛跟世间知识无关，不识字也能成佛，只要能明心见性，因为自性中本具万法。慧能见性后便明白自己的使命，于是即刻辞别自己的母亲，前往五祖弘忍之处，这也是常人所不能为的。如果这里的"悟"不是大彻大悟，慧能不可能有此举动。

（三）慧能暗示与众人评价

慧能给众人念诵完《无相颂》，要求众人依此修行，虽然离慧能千里，也俨然在慧能身边，否则相见不相识。慧能其实在暗示自己已成佛，众人修心，佛就在身边，不修离佛甚远。慧能使"性行鹿恶"的惠顺也归顺了他，成为慧能第一个授法的弟子。就连惠顺这样的粗恶之人也能"言下心开"，足见慧能的智慧力。当韦刺史问及念佛能否往生西方极乐世界时，慧能回答韦刺史说往生西方净土只在一刹那。虽然说秽土即净土，只要修心，净土近在咫尺，但从慧能对韦刺史的回答可以看出，他认为净土不仅是理论上的抽象概念，同时也是真实不虚的存在。

慧能相信并知道西方极乐世界的存在，净土近在眼前，只因众人慧眼未开，不能洞见。从慧能的话语中可知慧能是成佛之人，已洞开慧眼，能见净土，知道"西方去此不远"（敦煌本《坛经》），净土与秽土只一墙之隔。而且，慧能入寂之前便召集门人，与之告别，而当众僧"涕泪悲泣"之时，慧能斥责众人说："忧吾不知去处在？若不知去处，终不别汝。"（敦煌本《坛经》）由此可知，慧能知道"所去之处"，也就是说知道自己来去之地即西方净土。但是，有人认为慧能所说的西方净土乃心中净土，慧能以革新的方式排除对西方净土的崇拜及念佛往生的信仰，其实这是对文本缺乏透彻的领悟所致。慧能不仅能预知时至，知道自己的去处，也能预知未来之事。慧能灭度之前曾预言："吾灭后二十余年，邪法辽（缭）乱，惑我宗旨。有人出来，不惜身命，定佛教是非，竖立宗旨，即是吾正法。"（敦煌本《坛经》）慧能已预知他灭度后二十多年邪法纷起，惑乱顿教法门，此时有人会不惜生命，辨别佛教是非，竖立顿教宗旨，是为正法。慧能暗示神会此后会在洛阳提倡南宗，建立南宗宗旨，使顿教法门获得正统的地位。虽然胡适等认为这是神会为宣扬南宗而编造的"神话"，但是，慧能既然能预知时至，那么预知未来之事也无可置疑，如出一辙。

众人也从慧能的言行中悟出慧能就是生佛，是活佛转世，是众人的福报，只是凡夫有眼不识泰山，不明真相，如慧能讲法完毕后，众人赞叹："善哉大悟！昔所未闻。岭南有福，生佛在此，谁能得知！"（敦煌本《坛经》）方广锠认为，《坛经》之所以被称为"经"，是因为在当时人们的心目中，慧能已经是一位活佛，信徒所称赞的"生佛"就是指慧能。[1]

（四）圆寂瑞相

慧能于唐玄宗先天二年（713）八月三日灭度，圆寂之前预知时至，

---

[1]　方广锠：《敦煌本〈坛经〉首章校释疏义》，广东新兴国恩寺编《〈六祖坛经〉研究》（五），北京：中国大百科全书出版社，2003年，第20页。

于是向门人作了交代和嘱托，并传授了三科法门和三十六对法。慧能于七月八日召唤门人，与之告别，并对其说自己八月离世，若有问题，尽早提出，以便为之释疑。嘱托完毕，于八月三日三更入寂，奄然迁化，享年七十六岁。

慧能圆寂后出现了神异的瑞相，如寺内异香数日不散、山崩地动、林木变白、白光冲天等。这都是大成就者入寂时才会出现的奇异现象，说明这样的成就者绝非一般的得道高僧。而且慧能的肉身舍利至今还供奉在广东省韶州曲江县南华寺，供人瞻仰，1300多年了还肉身不坏，是世界上年代最久远的人体真身舍利。虽然不少成就者有此殊胜瑞相，即肉身不坏，但多数为即生成就的，而慧能则是前生早已成就佛果，并非今生精进修行才获得的，因而所讲《坛经》是见性之法。如果到此生最后才成就，则之前所讲之法并非见性之法。

综上所述，慧能自述自己见性，暗示已成佛，众人把《坛经》尊称为由中国人演说的唯一一部佛经，慧能入寂前对弟子所说的神异言语，入寂后出现的奇异瑞相，这一切都足以证明慧能是再来佛，与历代禅宗祖师一样早就成就了佛果。慧能是中国佛家禅宗始祖，与儒家始祖孔子、道家始祖老子一样都是圣人，三家修行人皆可依据各自始祖的见性经典修身养性。

二、其他版本编写者的境界

多种《坛经》版本的出现，足以说明《坛经》影响深远，但同时也呈现出后人出于不同的目的对其不断改编的痕迹。胡适认为存在一个《坛经》古本，以后诸本《坛经》皆取材于此，而且从敦煌本保存的慧能两首偈颂的原貌也可以推断，敦煌本《坛经》是所见最古真本，只有一首偈颂的诸本《坛经》，都是后世删并窜改的结果。[1] 郭朋在《坛经校

---

[1] 参见胡适《所谓"六祖呈心偈"的演变》，《胡适文集》第10册，北京：北京大学出版社，1998年，第581~582页。

释》的序言中说，《坛经》版本时间愈晚，字数愈多，这一情况清楚表明，愈是晚出的《坛经》窜改愈多，私货愈多，惠昕以后的各本《坛经》在不少方面同慧能思想颇不相同，其原因就在于惠昕，特别是契嵩、宗宝等人对《坛经》进行了肆意的窜改。① 郭朋认为，在被公认的"最古"法海本《坛经》里就有不少后人添加的内容，更何况晚出的《坛经》；古本《坛经》尚且有假，晚出的《坛经》反而皆真，这怎么可能?② 郭朋最后得出结论，认为"《坛经》之曾被人们所窜改，乃是一种为古今中外学者们所公认的历史事实，是无法抹煞的"③。

惠昕本等其他版本在敦煌本《坛经》的基础上增加了不少内容。惠昕认为"古本文繁，披览之徒，初忻后厌"，于是加以"删繁为简"，但实际上添加了不少内容，这些内容很多是"很浅薄的禅宗滥调，而契嵩以后多沿用他的改本"④。惠昕还增添了敦煌本不曾有的事实，如有关印宗法师讲《涅槃经》时慧能与两位僧人辩论"风幡"之事，跋尾前还提到了王维的碑铭以及刘禹锡的碑文等。有些学者根据惠昕的说法，认为字数多的繁本才是古本。周绍良认为这是一种错误的认识，并引用宋郎简《六祖法宝记叙》中"文字鄙俚繁杂"之说，说明惠昕和郎简持相同的观点，认定"惠昕使用的底本，可能就是这敦煌本。他所指的'文繁'，应该是说文词繁琐，而不是说字数多少"⑤。惠昕的意思可能是说，古本《坛经》别字、通假字颇多，而且慧能反复强调他的"无相"思想，显得有些啰嗦，谓之"文繁"。惠昕本等所增补的内容看似丰富了敦煌本《坛经》，弥补了其"不足之处"，填补了其中的空白，使之更符合常识和逻辑。然而，仔细分析就可以看出，这些版本或画蛇添足、借题发挥，或背离慧能原意，但并未真正见性。因此，只要对新增的内容进行细读，结合三个方面即语言功底、佛教理论的掌握程度以及修养的

① 郭朋：《坛经校释·序言》，北京：中华书局，1983年，第14页。
② 郭朋：《坛经校释·序言》，北京：中华书局，1983年，第14页。
③ 郭朋：《坛经校释·序言》，北京：中华书局，1983年，第16页。
④ 胡适：《〈坛经〉考之二》，广东新兴国恩寺编《〈六祖坛经〉研究》（一），北京：中国大百科全书出版社，2003年，第19页。
⑤ 周绍良：《敦煌写本〈坛经〉之考定》，广东新兴国恩寺编《〈六祖坛经〉研究》（四），北京：中国大百科全书出版社，2003年，第22页。

功夫等，就能作出正确的判断。

虽然敦煌本《坛经》是目前所发现的诸多版本中最早的，但并不能完全说明此版本就是最初的法海本，也许还有更早的版本。法海本是对慧能思想的实录，是见性之本。敦煌本《坛经》是不是最初的法海本，就要看其见性与否，是否与慧能的中道不二思想一致，而这正是甄别其他版本的关键所在。《坛经》其他版本在敦煌本的基础上增删了不少内容，从对这些内容的分析中就可窥见端倪。对敦煌本的见性与否暂且不论，这在此后文本的分析中即可见分晓，现在只就其他三个版本所增删的主要内容进行"见性"分析。

（一）"一万余人"考证

《坛经》不同于其他文学作品之处就在于它没有虚构性，因为它同时又是一本经书，是佛陀所讲经书以外唯一一部中国本土佛经，所述之故事以及佛理绝无戏言。慧能是明心见性的再来佛，已达到"无我"境界，因而能客观地讲述历史故事。尽管《坛经》中慧能有时对佛理的描述出于形象的考虑会采用夸张的修辞手法，但经中所讲的事实都是客观的，如敦煌本《坛经》中"其时座下僧尼道俗一万余人"是客观真实的描述，只是后人难以理解，于是其他版本就将"一万余人"改成了"一千余人"。文学研究者往往认为《坛经》是一部编造的小说，"故事情节曲折多变，引人入胜"，是"中国禅宗史上第一部白话小说"，因而认为《坛经》的故事都是虚构的、想象的，因为"虚构性、创造性和想象性是文学的突出特征"。① 不过，从后面对敦煌本《坛经》的"见性"分析中可知此乃最真古本，所述之故事是真实可信的，而其他版本所增补的故事才是虚构不实、随意编造的。

慧能在韶州大梵寺讲说最上大乘《摩诃般若波罗蜜经》，其讲经说法被其弟子法海集录，称为《坛经》。"坛"在中国古代指土筑的高台，用于祭祀或重大的典礼，用于佛教则指佛事活动的场所。印顺法师认

---

① 参见郭晓敏：《〈坛经〉的文学性研究》，浙江大学硕士学位论文，2012年，第9～11页。

为，"坛经"得名于开法传禅的坛场，是与忏悔、礼拜、发愿、受戒、传授禅法等相结合的一种传法道场。① 郭朋引颜师古注"筑土而高曰坛，除地为场"，认为"坛"有"土台""祭坛"或"戒坛"之意，引申为这里的"法坛"，慧能变戒坛为法坛，说法其上；慧能门徒视之如佛，慧能法语犹如佛经，故称"坛经"。② 封土为坛，说法其上，名为《坛经》。由"封土为坛"可推知，文中的"讲堂"不是指现在所说的室内讲堂，而是室外的讲堂（土坛），慧能大师坐在土坛的高座上。这里的"高座"是对高僧登台讲经的一种尊称。当时听众有一万余人，室内讲堂容纳不了，慧能只好在室外的"土坛"上讲法。从后面讲说五祖弘忍和尚"见（现）今在彼门人有千余众"（敦煌本《坛经》）可知，弘忍大师的门人（包括僧俗）千余，那么，慧能大师的门人此时也可能有一千余人，因为当时佛教兴盛，信众甚多。仅其门人都可能有一千余人，何况其他来听法的僧人及俗人呢？所以，当时听慧能大师讲经的人数超过一万，这是有可能的。再者，如果敦煌本之前还有《坛经》最古、最真的原始版本，里面的人数是一千余人的话，那么敦煌本没有必要夸大为一万余人，这也说明敦煌本应是按照实际数字记载的。③

惠昕本等其他版本认为讲堂按常理应在室内，而室内不会有能容纳一万余人的讲堂，于是将人数改为"一千余人"。惠昕本先改动，其他版本也随之改。修改者一是对"坛经"两字没有理解透彻，二是没有结合文本和其他情况对慧能门人的数量作出推断，三是对当时慧能讲经时的盛况不甚了解。可以推知，惠昕本等对敦煌本《坛经》中其他数字的更改也是不正确的。

（二）慧能首次见弘忍

慧能第一次见到五祖弘忍时两人的对话，几个版本对这部分的描写都差不多，只是在"时有一行者遂差惠能于碓坊踏碓，八个余月"（敦

---

① 释印顺：《中国禅宗史》，北京：中华书局，2010 年，第 232~233 页。
② 郭朋：《坛经校释》，北京：中华书局，1983 年，第 2 页。
③ 当然，法海集记时也只是估计，并没有统计具体的数字。

煌本《坛经》)前，惠昕本、契嵩本、宗宝本分别加入如下的对话：

> 【惠昕本】惠能启和尚言："弟子自心常生智慧，不离自性，即是福田。未审和尚教作何务?"五祖言："这獦獠根性大利! 汝更勿言，且去后院!"

> 【契嵩本】惠能启和尚："弟子自心常生智慧，不离自性，即是福田。未审和尚教作何务?"祖云："这獦獠根性大利! 汝更勿言，着槽厂去!"

> 【宗宝本】惠能启和尚："弟子自心常生智慧，不离自性，即是福田。未审和尚教作何务?"祖云："这獦獠根性大利! 汝更勿言，著槽厂去!"

这部分内容敦煌本没有，而惠昕本、契嵩本、宗宝本在这里添加的内容给人一种印象，即后面版本抄写前面版本，只是略加改动而已。在这段文字中，契嵩本和宗宝本完全一样，都只将惠昕本中的"惠能启和尚言"中的"言"去掉，把"五祖言"和"且去后院"分别改成了"祖云"和"着（著）槽厂去"。

如果前面关于"佛性"的禅机是两人见面时正常的对话，弘忍也因此知道了慧能的根性，那么，后面三个版本所增加的对话内容就是多余的，使人觉得慧能不顺从，不愿做俗事，故意进一步显示自己的根性。这与慧能所达至的境界不相符合，也与其后面对弘忍顺从的描写不一致。弘忍也不可能当着慧能的面说出"这獦獠根性大利"这样的话来，这不像开悟者所说的话；更不可能当着众人的面说，因为当时周围有人，这么说会引起他人对慧能的嫉妒、甚至伤害，这与前面描写的"大师欲更共议，见左右在旁边，大师{更}便不言"（敦煌本《坛经》)以及想通过发遣慧能"随众作务"来保护他，是不一致的。"这獦獠根性大利"只是弘忍心中对慧能根性的赞叹，不可能讲出来。如果前面的对话是合理的，那么这部分也只能这样描写：五祖心想："这獦獠根性大利!"然后才对慧能说："汝更勿言，且去后院（或：着槽厂去)!"

接下来惠昕本、契嵩本、宗宝本又写道：

【惠昕本】五祖一日忽见惠能言："吾思汝之见可用，恐有恶人害汝，遂不与汝言。知之否？"惠能言："弟子亦知师意，不敢行至堂前，令人不觉。"

【契嵩本】祖一日见能曰："吾思汝之见可用，恐有恶人害汝，遂不与汝言。知之否？"能曰："弟子亦知师意，不敢行至堂前，令人不觉。"

【宗宝本】祖一日忽见惠能曰："吾思汝之见可用，恐有恶人害汝，遂不与汝言。汝知之否？"惠能曰："弟子亦知师意，不敢行至堂前，令人不觉。"

三个版本中五祖弘忍与慧能的对话内容完全一样，只是表述略有改动。这部分的描写与前面所增加的内容一样都是画蛇添足，不过从中可以看出宗宝本不仅抄写了契嵩本，同时也参看了惠昕本。慧能与弘忍两人已达到同等的佛之境界，无须多言，如佛祖拈花微笑、迦叶尊者微笑会意一般，只要心灵交流即可，哪怕一个眼神也足以使人心领神会。三个版本所加的内容，使人觉得弘忍和慧能不像是开悟之人，倒像是一般的凡夫。从中可以推知，敦煌本应是最原始、最正宗的，其他三个版本因改编者尚未达至慧能的境界，故有所不知而有所失误。

（三）慧能的得法偈

慧能的得法偈是各版本争论的焦点之一，也是区分各版本见性与否的关键所在。禅宗影响深远，古今中外，"随着禅风的外播，又影响了朝鲜、日本等国的思想文化达千年之久。晚近以来，禅文化漂洋过海，又给西方文化输送去了新鲜血液，引起了大批欧美人士的兴趣，其发展前途正未可量也。形成这个文化奇迹的原因固然是多方面的，但最关键、最直接的原因不能不归结到慧能的得法偈上"①。慧能的得法偈是慧能思想的集中体现，所以对研究慧能的思想和南宗顿教禅法来说，每一

---

① 净慧：《关于慧能得法偈的再探》，《法音》1987年第6期。

个字都至关重要。①

敦煌本《坛经》中的得法偈有两首，其一为：

　　菩提本无树，明镜亦无台；佛性常清净，何处有尘埃？

其二为：

　　心是菩提树，身为明镜台；明镜本清净，何处染尘埃？

其他各本《坛经》的得法偈只有一首："菩提本无树，明镜亦非台；本来无一物，何处有（惹）尘埃！"惠昕本为"有"，契嵩本和宗宝本皆为"惹"。"本来无一物"与"时时勤拂拭"被认为是"南顿北渐"或"南能北秀"的标志性区别。郭朋认为："千百年来，人们认为这就是慧能的思想。其实，只能说它是被误解了的般若思想，而决不能说它是慧能的思想。"② 他在《〈坛经〉对勘》中说：

　　惠昕带头，把"佛性常清净"，窜改为"本来无一物"。这是从思想上对惠能作了根本性的窜改：把"佛性"论者的惠能，窜改成为虚无主义者（当然，这只能说是一种字面上的窜改，因为，从思想上说来，他们并不能作到这一点），从而为以下更多、更大的窜改，作了极为恶劣的开端。而且，以后，随着契嵩、宗宝本的广泛流通，这首"本来无一物"的窜易偈文，竟然取代了"佛性常清净"的偈文，而成了中国思想史上人所共知的偈文。致使千百年来，以假当真，真伪不辨。这项窜改，始作俑者是惠昕，而广为流布、张大其影响者，则是契嵩和宗宝。③

其实，在约7世纪中叶的《天台三圣诗》中就有唐代丰干禅师"本来无一物"一句，其诗曰："本来无一物，亦无尘可拂。若能了达此，不用坐兀兀。"（《天台三圣诗集和韵》)④ 比惠昕本早一百多年的《黄檗断际禅师宛陵录》中也有"本来无一物"的记载："本来无一物，何处

---

① 拾文：《〈敦煌写本坛经〉是"最初"的〈坛经〉吗?》，《法音》1982年第2期。
② 郭朋：《坛经校释·序言》，北京：中华书局，1983年，第6页。
③ 郭朋：《〈坛经〉对勘》，济南：齐鲁书社，1981年，第19页。
④ 《嘉兴藏》第33册，第422页上。

48

有尘埃？若得此中意，逍遥何所论！"① 显然，"若得此中意，逍遥何所论"与"若能了达此，不用坐兀兀"意思接近，大概《宛陵录》取用了丰干禅师的诗句。比惠昕本成书早十五年的《祖堂集》中也有该句的记载："有一江州别驾张日用，为行者高声诵偈。行者却请张日用：'与我书偈'，'某甲有一个拙见'。其张日用与他书偈曰：'身非菩提树，心镜亦非台；本来无一物，何处有尘埃？'"② 比惠昕本早六年成书的《宗镜录》中也有此句："如六祖偈云：'菩提亦非树，明镜亦非台；本来无一物，何用拂尘埃？'"③ 不过，如果按照某些学者如郭朋和吴孝斌的看法，认为惠昕是唐人的话，则惠昕本"本来无一物"可能来自《天台三圣诗》，惠昕没有参看后三本。④ 惠昕采用了丰干禅师的"本来无一物"，此后的其他《坛经》版本只是照抄此句而已。不过，丰干禅师的"本来无一物，亦无尘可拂"，兴许是针对神秀"时时勤拂拭，莫使有尘埃"而作出的调侃般的修改。《宛陵录》中"何处有尘埃"一句，也许是抄自惠昕本。

胡适对于这个问题给予了很大的关注，在《所谓"六祖呈心偈"的演变》一文中指出，慧能故事的作者拟作了两首偈，而没有决定用哪一首，于是就把两首都暂时保存在稿本里，并且说"敦煌写本此节保存的正是这两首原稿的状态。十一世纪里西夏文译的《坛经》残本还保存这两首的原样子"⑤。日本学者川上天山的考证也表明，公元 9 世纪至 11 世纪两百年间，敦煌和西夏地区流行的《坛经》版本中都保存了这两首偈颂（《禅宗全书·语录部二》）。胡适认为"本来无一物"偈文是惠昕删并了敦煌本的两个偈文而成，并且惠昕对其他地方也作了较大的改动，惠昕本比敦煌本增加了两千字，而明藏本比敦煌本增加了九千字，胡适由此得出结论，"禅宗和尚妄改古书的大胆真可令人骇怪了"⑥。胡

---

① 《大正藏》第 48 册，第 385 页中。
② ［南唐］静、筠禅僧：《祖堂集》，郑州：中州古籍出版社，2018 年，第 85 页。
③ 《大正藏》第 48 册，第 594 页中。
④ 吴孝斌认为惠昕本完成于唐贞元三年（787），因此比《宛陵录》的成书还要早。
⑤ 欧阳哲生：《胡适文集》第 10 册，北京：北京大学出版社，1998 年，第 581 页。
⑥ 胡适：《〈坛经〉考之二》，广东新兴国恩寺编《〈六祖坛经〉研究》（一），北京：中国大百科全书出版社，2003 年，第 19 页。

适认为惠昕新增的地方不够高明，但删去的地方要比原本好得多，如惠能的呈心偈，惠昕本删并为一首。① 拾文认为："慧能有资格继承弘忍的衣钵并在中国佛教史上独放异彩，这首以'本来无一物'为核心的'得法偈'是其起点。"② 史继东认为，在禅宗一千多年的历史上，除了敦煌本《坛经》以外，其他任何一部典籍都没有引用"佛性常清净"一句，反而被认为是窜改的"本来无一物"被历代禅师引用，甚至作为学人参禅的话头，这足以说明"本来无一物"比"佛性常清净"更高明，更能代表慧能南宗禅的思想。③ 周绍良持不同的看法，认为后人没有理会慧能讲述故事的本意，感到有些不足而加以修改，只把第一个偈颂基本保留下来，而把针对神秀偈语的第二个偈颂删掉了，虽然减去了取意的矛盾，但与神秀针锋相对的机锋却没有了。④ 在他看来，"这应该是禅宗一大公案，由于这一改动，遂使千古一个重要话头佚失而不传，这正说明改动的轻率，失去原来的本来面目，正是敦煌本即是慧能原本的证明。"⑤

从文气上看，"本来无一物"比"佛性常清静"确实更为合适，更具有一气呵成的气势，不像"佛性常清静"那样平淡无味。"'佛性常清净'或'明镜本清净'，不但文气滞塞不通，而且内容也平庸乏味。"⑥"'佛性常清净'，暗指菩提树所喻之身、明镜所喻之心，文意虽足，但用肯定语气，说这种佛门共知的常识，决非崇尚般若扫相、高明颖悟如惠能者所道，这是抄写者托古改制擅自以己意为之。"⑦ 虽然"本来无一物"比"佛性常清静"显得更气派，更优美，而且把"明镜亦无台"中的"无"改成"非"，也是出于文学语言对仗的考虑，但是，《坛经》是

---

① 胡适：《〈坛经〉考之二》，广东新兴国恩寺编《〈六祖坛经〉研究》（一），北京：中国大百科全书出版社，2003年，第20页。
② 拾文：《〈敦煌写本坛经〉是"最初"的〈坛经〉吗?》，《法音》1982年第2期。
③ 史继东：《慧能得法偈辨析》，《中国宗教》2010年第11期。
④ 周绍良：《敦煌写本〈坛经〉之考定》，广东新兴国恩寺编《〈六祖坛经〉研究》（四），北京：中国大百科全书出版社，2003年，第19~20页。
⑤ 周绍良：《敦煌写本〈坛经〉之考定》，广东新兴国恩寺编《〈六祖坛经〉研究》（四），北京：中国大百科全书出版社，2003年，第20页。
⑥ 净慧：《关于慧能得法偈的再探》，《法音》1987年第6期。
⑦ 田光烈：《禅宗六祖得法偈之我见》，《法音》1990年第8期。

经书，除了讲究文字上的优美动听、朗朗上口，更应注重佛理的深层内涵。一味追求文学上的考究而忽视佛经的义理，会造成以文害辞、文过饰非之过。韩国学者金知见认为："虽然从文学表现的角度看，'本来无一物'比'佛性常清静'用句要优美得多，可这么一来，我们所得到的仅仅是文学上的优美完整而已，它却有损于完整、准确地表达宗教真理。"①

这里暂时不分析敦煌本的慧能得法偈，只就其他版本的得法偈进行分析。慧能作偈前请一解书人在西间壁上题"呈自本心。不识本心，学法无益。识心见性，即悟大意"（敦煌本《坛经》），该内容阐释了两首偈颂之间的关联和深层意蕴。然而，惠昕等人没有领悟到慧能的用意所在，因而将这部分内容删掉了，却增加了张日用与慧能的对话。以惠昕本为例：

> 时有江州别驾，姓张，名日用，便高声读。惠能一闻，即识大意，因此言："亦有一偈，望别驾书于壁上。"别驾言："獦獠！汝亦作偈，其事希有！"惠能启别驾言："若学无上菩提，不得轻于初学。俗谚云：'下下人有上上智，上上人有没意智。'若轻人，即有无量无边罪！"张日用言："汝但诵偈，吾为汝书于壁上。汝若得法，先须度吾，勿忘此言！"

惠昕等人认为敦煌本的叙述不够详细，情节不够精彩，想通过这段描述进一步说明慧能的境界。的确，一个人的智慧不在于他是上人还是下人，而在于其累世的修行，即使是下下人也有上上智。而上上人过去生中只修福不修慧，故而地位高，福报大，但智慧浅小，这都是事实。这部分究竟是慧能针对一般的情况而言呢，还是在暗示或赞美他自己虽是"下下人"，但有"上上智"？两者都有。这也说明慧能还未达至佛的境界，还有夸耀之心。后面的"若轻人，即有无量无边罪"是在威胁张日用，尽管佛门有这种说法。前面"不得轻于初学"已表明慧能在规劝

① ［韩］金知见：《敦煌〈坛经〉随想录——反省与展望》，广东新兴国恩寺编《〈六祖坛经〉研究》（四），北京：中国大百科全书出版社，2003年，第180页。

张日用不可轻视人，这里没有必要再用更严重的句子吓唬人，而且从后面张日用的反应也可以看出，他真的被慧能这句话吓住了。慧能不可能说出这样似乎带有强烈嗔恨心的话。见性之人既没有夸耀心，也没有嗔恨心，因为已修至无"贪嗔痴慢"的境地。

接着是惠昕本等后面的偈颂"菩提本无树，明镜亦非台；本来无一物，何处有（惹）尘埃！"从文学的角度看倒是很美，但仔细分析就有些不妥。"非"意思是"不是"，跟"无（没有）"还是有区别的。"明镜不是台"与"明镜没有台"，两者的区别还是比较明显的，从后面对敦煌本《坛经》"菩提本无树，明镜亦无台"中"无"的分析就可得知。"'明镜亦无台'，'明镜亦非台'只有一字之差，但意理全乖。"① 在这首偈颂中，三个版本与敦煌本最大的区别就在于用"本来无一物"取代了"佛性常清净"。"本来无一物"本是承接前面"菩提本无树，明镜亦非台"之意而顺口得出的结论，然而惠昕等人没有意识到，此句是针对"佛性常清净"而作出的修改，偈中"物"显然喻指佛性，而"本来无一物"既否定了真如佛性，也否定了如来藏缘起。惠昕等想强调"空"的概念，但"本来无一物"似乎一切皆空，就连"菩提"和"明镜"也空掉了，也就是说连真如佛性也空掉了，是绝对的"空"，便谈不上如来藏缘起之说。这是小乘的境界。方广锠认为，"本来无一物"未免有"恶趣空"之嫌。② 郭朋认为："这句偈语的首窜者先把《般若》'性空'误解为'本无'，再以'本无'来窜改'佛性'。"③ 显然，慧能原句中"菩提"和"明镜"都是借喻的用法，从后面可知慧能用来喻指佛性或如来藏。"佛性常清净"指佛性的本然状态，佛性因无"树"、无"台"即无"相"而恒常清净，只因有"相"而现不净之法。众生生死流转、还灭涅槃，皆依如来藏而缘起。如来藏乃真如佛性，不增不减，只为染净之缘所驱而生种种法，由染缘而现六道，由净缘而出四圣。"本来无

---

① 王声忆：《神秀慧能"呈心偈"解析——论禅宗史上〈坛经〉两个传承系统的可能性》，《理论界》2011年第1期。
② 方广锠：《关于敦煌本〈坛经〉》，广东新兴国恩寺编《〈六祖坛经〉研究》（四），北京：中国大百科全书出版社，2003年，第208页。
③ 郭朋：《坛经校释》，北京：中华书局，1983年，第17页。

一物"既然否定了真如佛性，染净之法便无可依之处，生死流转、还灭涅槃则无从说起。即使"物"并不喻指佛性，而是指一般的外在之"物"，那么"本来无一物"则是否定了缘起之物的断灭见。外在之物虽然是虚幻的，但毕竟这虚幻影子还是存在的。如果没有外在之物，何谓"缘起"之说？众生又怎会因执着外境而产生轮回？"缘起性空"是指万物皆因缘所生，其本性是"空"，旨在破除世人对外在事物的执着，看破万物虚幻的本质，从而获得解脱。"本来无一物，何处有（惹）尘埃"听起来似乎是对佛教"万法皆空"的嘲讽。既然佛教认为"万法皆空"，哪里会有"物有（惹）尘埃"之说呢？殊不知，佛教所谓的"万法皆空"是针对万物的本性而言的，并非否定缘起之物的绝对"空"。

惠昕本等三个版本的僧人还没有完全"转迷为悟"，因而出现了无意识的错误。慧能想表达的是，世间的一切都是虚幻的，因而是"空"，无须执着，然而佛性是有的，"菩提"和"明镜"是有的，佛性恒常清净，只要见一切相离一切相，即见真如佛性。佛性空而觉，不是绝对的"空"，而是具有圆满的慈悲和智慧（觉）。《金刚经》中"应无所住而生其心"，"无所住"即空，指"空世间法"，"住"指"执着"，即对世间法的执着；"生其心"即开显本具的佛性，"生"意即"显现"，"心"指佛心、佛性，也即本心、本性。舍弃了对世间法的执着，本有的佛性自然就显现出来了。契嵩本和宗宝本"何处惹尘埃"，好像佛性本来是清净的，但它自己要去"惹"尘埃，似乎无事惹事。这也是契嵩、宗宝等僧人无意识所犯的语言错误所造成的对佛性之义理解的偏差。

（四）何期自性

弘忍叫慧能到其堂内传法说《金刚经》时，其他版本增添了《金刚经》中"应无所住，而生其心"的内容，并说慧能听闻此句时"言下便（大）悟"（惠昕本为"便"，契嵩本、宗宝本为"大"），对弘忍说："何期自性本自清净，何期自性本不生灭，何期自性本自具足，何期自性本无动摇，（何期自性）能生万法！"契嵩本和宗宝本在惠昕本"能生万法"前加了"何期自性"，而且在传法说《金刚经》前还增加了类似机锋的问答及举动，并在授法传衣后加了一首"付法偈"和两句谶语。三本对勘如下：

【惠昕本】五祖夜至三更，唤惠能于堂内，以袈裟遮围，不令人见，为惠能说《金刚经》。恰至"应无所住，而生其心"，言下便悟：一切万法，不离自性！惠能启言："和尚！何期自性本自清净，何期自性本不生灭，何期自性本自具足，何期自性本无动摇，能生万法！"五祖知悟本性，乃报惠能言："不识本心，学法无益。若言下识自本心，见自本性，即名丈夫、天人师佛。"

三更受法，人尽不知，便传顿教及衣钵，云："汝为第六代祖！善自护念，广度迷人。衣为信禀，代代相承；法即以心传心，皆令自悟自解。自古佛佛唯传本体，师师默付本心，令汝自见自悟。"五祖言："自古传法，命似悬丝。若住此间，有人害汝，汝须速去！"惠能言："本是南中人，久不知此山路，如何出得江口？"五祖言："汝不须忧，吾自送汝。"

【契嵩本】次日，祖潜至碓坊，见能腰石舂米，语曰："求道之人，为法忘躯，当如是乎？"即问曰："米熟也未？"能曰："米熟久矣，犹欠筛在。"祖以杖击碓三下而去。能即会祖意，三鼓入室。祖以袈裟遮围，不令人见，为说《金刚经》。至"应无所住，而生其心"，能言下大悟：一切万法，不离自性！遂启祖言："何期自性本自清净，何期自性本不生灭，何期自性本自具足，何期自性本无动摇，何期自性能生万法！"祖知悟本性，即名丈夫、天人师佛。三更受法，人尽不知，便传顿教及衣钵，云："汝为第六代祖！善自护念，广度有情，流布将来，无令断绝。听吾偈曰：'有情来下种，因地果还生；无情既无种，无性亦无生。'"祖复曰："昔达磨大师初来此土，人未之信，故传此衣，以为信体，代代相承。法则以心传心，皆令自悟自解。自古佛佛惟传本体，师师密付本心。衣为争端，止汝勿传；若传此衣，命如悬丝。汝须速去，恐人害汝！"能曰："向甚处去？"祖曰："逢怀则止，遇会则藏。"惠能三更领得衣钵，云："能本是南中人，久不知此山路，如何出得江口？"五祖言："汝不须忧，吾自送汝。"

【宗宝本】次日，祖潜至碓坊，见能腰石春米，语曰："求道之人，为法忘躯，当如是乎？"乃问曰："米熟也未？"惠能曰："米熟久矣，犹欠筛在。"祖以杖击碓三下而去。惠能即会祖意，三鼓入室。祖以袈裟遮围，不令人见，为说《金刚经》。至"应无所住，而生其心"，惠能言下大悟：一切万法，不离自性！遂启祖言："何期自性本自清净，何期自性本不生灭，何期自性本自具足，何期自性本无动摇，何期自性能生万法！"祖知悟本性，谓惠能曰："不识本心，学法无益。若识自本心，见自本性，即名丈夫、天人师佛。"三更受法，人尽不知，便传顿教及衣钵，云："汝为第六代祖！善自护念，广度有情，流布将来，无令断绝。听吾偈曰：'有情来下种，因地果还生；无情既无种，无性亦无生。'"祖复曰："昔达磨大师初来此土，人未之信，故传此衣，以为信体，代代相承。法则以心传心，皆令自悟自解。自古佛佛惟传本体，师师密付本心。衣为争端，止汝勿传；若传此衣，命如悬丝。汝须速去，恐人害汝！"惠能启曰："向甚处去？"祖曰："逢怀则止，遇会则藏。"惠能三更领得衣钵，云："能本是南中人，素不知山路，如何出得江口？"五祖言："汝不须忧，吾自送汝。"

《金刚经》的核心思想是"空"，然非绝对的"空"，而是"空而觉"，经中"应无所住，而生其心"就体现了这种思想。不过，法海本并没有说慧能听到此句时才开悟，只说弘忍给慧能讲说《金刚经》时，慧能一听，"言下便悟"，说明弘忍一讲，慧能马上就明白了，不是等到"应无所住，而生其心"时才大悟。如果把《金刚经》分为三十二品，那么该句是在第十品"庄严净土分"，而前面的部分也足够让慧能开悟了，因为慧能本是上上根性之人，用不着等到第十品才开悟，如第五品中"凡所有相，皆是虚妄。若见诸相非相，则见如来"，也是一句见性之语，与"应无所住，而生其心"意思是一样的。

"何期自性本自清净，何期自性本不生灭，何期自性本自具足，何期自性本无动摇，（何期自性）能生万法！"此五句也是其他三个版本增补的内容。"何期"两字可能来自《历代法宝记》"何期座下有大菩萨"或《曹溪大师别传》"何期南方有如是无上之法宝"。[①] 两本书中的"何期"意思为"怎能想到"，而惠昕等将其放在这里，本是想呈现慧能顿悟后所说之语，然却与慧能境界并不相契，慧能不会在听闻《金刚经》"言下便悟"后说出此感言，发出此感叹。心中明白，无须道出，因为弘忍也是见性之人，两人心照不宣，以心印心即可，用不着如此赞叹。

惠昕本将法海本得法偈前"不识本心，学法无益"放在了这里，并将"识心见性"改为"若言下识自本心，见自本性"，"即悟大意"改为"即名丈夫、天人师佛"。宗宝本的内容与惠昕本差不多，只是删掉了"言下"两字，不过从中可以看出宗宝本参看了惠昕本（包括把契嵩本中部分"能"改为"惠能"），而契嵩本则只有"即名丈夫、天人师佛"。契嵩本和宗宝本还加了一首法海本和惠昕本都没有的所谓五祖"付法偈"，这是将后面《先代五祖传衣付法颂》中五祖弘忍的偈颂作了修改而添加在这里的。郭朋说，这不仅表明禅宗史上所谓"代代相传"的"付法偈"是相当晚出的，也表明在窜改《坛经》的行径中，契嵩、宗宝要抛开惠昕而往更远的地方走去了，而且两个版本还增加了"米熟也未""祖以杖击碓三下而去"等禅机对话和举止以及"逢怀则止，遇会则藏"两句谶语，更加突出了这两个本子的斑斑伪迹。[②]

弘忍的付法偈在敦煌本《坛经》中是"有情来下种，无情花即生；无情又无种，心地亦无生"，而契嵩本和宗宝本则改为"有情来下种，因地果还生；无情既无种，无性亦无生"。对弘忍付法偈的解义可见后面"一花开五叶"中"弘忍偈"的释义。对于契嵩本和宗宝本"因地果还生"，六位祖师都说"花"生，先种花而后果成，但这两个版本却改成了"果"生，缺少了先"开花"这个环节。而且，更重要的是，弘忍

---

① 敦煌本没有参看此类书籍，从中也可以看出敦煌本的即席性、原创性。
② 郭朋：《〈坛经〉对勘》，济南：齐鲁书社，1981年，第22页。

的偈颂体现了菩萨慈悲救度以及与众生佛性相应的一面，只有菩萨播种（这里指外缘），而众生没有佛性种子，是不能"花即生"的。而契嵩本等"因地果还生"表明，菩萨播下的种子要根据土地的条件（如因缘是否成熟了的外在条件等）方能结果，未能体现出众生本具的佛性种子与菩萨播下的"种子"相应而开花结果的先决条件，而且"还"字用得不恰当，应为"乃"。

（五）狂禅与谶纬

惠昕本、契嵩本和宗宝本增加了不少敦煌本所没有的禅机对话，而且后两本还添加了一些谶纬及谶语，以示弘忍和慧能的悟性与神通。殊不知，三种版本的僧人弄巧成拙，反而露出了自己未见性思想。

弘忍唤门人作偈呈心以付衣法时，三个版本增入了"思量即不中用。见性之人，言下须见。若如此者，轮刀上阵，亦得见之"这类的话。郭朋认为，后面三句可以说已启"手握屠刀，也可见性成佛"这种狂禅思想的先声，为以后的狂禅作了开端，所以惠昕"不但是窜改《坛经》的始作俑者，而且，也可说是以后狂禅思想的倡始者"。[1] 对于其后神秀呈偈后弘忍唤其入堂内时两人的对话，其他三个版本还加了"无上菩提，须得言下识自本心，见自本性……即是无上菩提之自性也"等话，郭朋说这三个版本的改编者已经在"借题发挥"了。[2] 又如，在弘忍给慧能传法说《金刚经》前，契嵩本和宗宝本还增添了"米熟也未""米熟久矣，犹欠筛在""祖以杖击碓三下而去。（惠）能即会祖意，三鼓入室"等"机锋"问答及举动，郭朋认为旨在"以神其事"。[3] 再如，敦煌本《坛经》"五祖自送能至九江驿，登时便别"，而其他三本则改为两人上了船并进行了机锋对答，还附加了弘忍告知慧能自己入寂之时。版本对勘如下：

【惠昕本】其时领得衣钵，三更便发南归。五祖相送，直至九

---

① 郭朋：《〈坛经〉对勘》，济南：齐鲁书社，1981年，第8页。
② 郭朋：《〈坛经〉对勘》，济南：齐鲁书社，1981年，第15页。
③ 郭朋：《〈坛经〉对勘》，济南：齐鲁书社，1981年，第22页。

江驿边。有一只船子，五祖令惠能上船，五祖把橹自摇。惠能言："请和尚坐，弟子合摇橹。"五祖言："只合是吾度汝，不可汝却度吾，无有是处。"惠能言："弟子迷时，和尚须度；今吾悟矣，过江摇橹，合是弟子度之。度名虽一，用处不同。惠能生在边方，语又不正，蒙师教旨付法，今已得悟，即合自性自度。"五祖言："如是如是。但依此见，已后佛法大行矣！汝去后一年，吾即前逝。"五祖言："汝今好去，努力向南，五年勿说，佛法难起。已后行化，善诱迷人；若得心开，与吾无别。"辞违已了，便发向南。

【契嵩本】祖相送至九江驿边。有一只船子，祖令惠能上船，五祖把橹自摇。惠能言："请和尚坐，弟子合摇橹。"五祖云："合是吾渡汝。"能云："迷时师度，悟了自度。度名虽一，用处不同。惠能生在边方，语音不正，蒙师付法，今已得悟，只合自性自度。"祖云："如是如是。以后佛法，由汝大行。汝去三年，吾方逝世。汝今好去，努力向南，不宜速说，佛法难起。"能辞违祖已，发足南行。

【宗宝本】祖相送，直至九江驿。祖令上船，五祖把橹自摇。惠能言："请和尚坐，弟子合摇橹。"祖云："合是吾渡汝。"惠能云："迷时师度，悟了自度。度名虽一，用处不同。惠能生在边方，语言不正，蒙师传法，今已得悟，只合自性自度。"祖云："如是如是。以后佛法，由汝大行。汝去后三年，吾方逝世。汝今好去，努力向南，不宜速说，佛法难起。"惠能辞违祖已，发足南行。

弘忍和慧能在这种场合还进行禅机"交锋"，并且弘忍告知慧能一年后他将入寂，并嘱咐慧能五年勿弘此法（惠昕本）。契嵩本和宗宝本除了增入惠昕本中两人禅机对答，还将入寂的时间改为"三年"，却没有提及弘法时间。大成就者预知时至，这在佛教史上是司空见惯之事，是可以接受的。禅者进行禅机对话也是常见之事，但对于已达到心照不宣境地的弘忍和慧能而言，在这种场合无须再进行这样的禅机"交锋"，以显示各自的悟性与境界。

契嵩本和宗宝本比惠昕本"借题发挥"得更远，以弘忍送走慧能后情况的描述为例（契嵩本）：

【契嵩本】两月中间，至大庚岭。五祖归，数日不上堂。众疑，诣问曰："和尚少病少恼否？"曰："病即无，衣法已南矣！"问："谁人传授？"曰："能者得之。"众乃知焉。逐后数百人来，欲夺衣钵。一僧俗姓陈，名惠明，先是四品将军，性行粗慥，极意参寻，为众人先，趁及于能。能掷下衣钵于石上，云："此衣表信，可力争耶？"能隐于草莽中。惠明至，提掇不动，乃唤云："行者！行者！我为法来，不为衣来。"能遂出，坐盘石上。惠明作礼，云："望行者为我说法。"能云："汝既为法而来，可屏息诸缘，勿生一念，吾为汝说。"良久谓明曰："不思善，不思恶，正与么时，那个是明上座本来面目？"惠明言下大悟，复问云："上来密语、密意外，还更有密意否？"能云："与汝说者，即非密也。汝若返照，密在汝边。"明曰："惠明虽在黄梅，实未省自己面目。今蒙指示，如人饮水，冷暖自知。今行者，即惠明师也！"能曰："汝若如是，吾与汝同师黄梅。善自护持！"明又问："惠明今后向甚处去？"能曰："逢袁则止，遇蒙则居。"明礼辞。明回至岭下，谓趁众曰："向陟崔嵬，竟无踪迹，当别道寻之。"趁众咸以为然。惠明后改道明，避师上字。

弘忍送走慧能后数日不上堂，弟子皆起疑心，询问弘忍是否生病。弘忍说病倒没有，只是衣法让慧能得到了，并说慧能已向南去。弘忍这番话招致数百人去追赶慧能，想夺回衣钵。契嵩本、宗宝本想对慧能走后两个月为何有数百人追赶作个交代，但不知这样的解释并不成立。弘忍选择半夜传法于慧能，送慧能时也是三更时分，而且"登时便别"，生怕众人伤害慧能，怎会几天后便告诉众人慧能得衣钵南去之事呢！虽然"衣法已南矣"和"能者得之"只是暗示慧能已得到衣钵并向南去，但是，"能者得之"是双关语，众人已悟出是慧能得到了，于是去追赶。故事应该这样编写才符合事实：只是过了一段时间，众人发现慧能不见了，得知事情的真相后才去追赶。即便这时弘忍告知众人真相，也是认定众人追赶不上慧能了。而且，"两月中间，至大庾岭"是对慧能别后时间及去向所作的说明，而"五祖归，数日不上堂"是对弘忍送别慧能回到寺院后情况的描述，两者之间并无关联，但文本使人觉得似乎五祖去了大庾岭，而后返回。殊不知，这样的"借题发挥"实则离题太远，大谬"题"意。

关于惠明①想夺衣钵而追赶慧能时的情景，也是契嵩本、宗宝本所增加的内容。慧能快被惠明追上了，于是"（惠）能掷下衣钵于石上"，并说"此衣表信，可力争耶？"然后便隐藏于草丛中。慧能把衣钵放在石头上，看惠明是否拿得动。衣钵似乎有神力加持，惠明去拿时却"提掇不动"。这是一种谶纬，以示慧能神通之力。后来慧能住宝林寺，被恶党追寻，恶党纵火焚烧草木之时，慧能隐于石中才得以幸免，却在石上留下了"趺坐膝痕及衣布之纹"，这也是一种谶纬。后面惠明得法后问及自己的去向时，慧能答复说"逢袁则止，遇蒙则居"，这与前面弘忍传法说《金刚经》时所说的"逢怀则止，遇会则藏"一样属于谶语。再后来志诚受命至曹溪听慧能讲法时不言来处，慧能居然告诉众人说"今有盗法之人，潜在此会"，这也是一句谶语。

契嵩本和宗宝本在这里本想说明，惠明追赶到了，见衣钵于石头上，去拿时却又拿不动，于是被征服了，接受了慧能的传法。契嵩等为了神化慧能故意编造这样的故事，却没有意识到这样做具有谶纬之嫌，并非事实。况且将衣钵掷于石头上，自己却隐藏于草丛中以观惠明之变，这也不像是慧能的行为。征服惠明的是慧能临危不惧的淡定与超然，是慧能发自内在的威慑力。郭朋认为，契嵩本和宗宝本编造神话，故弄玄虚，不仅有些地方不符合逻辑，后面抄自惠昕本而略加改动的"不思善，不思恶，正与么时，那个是明上座本来面目"等也属于狂禅行话，契嵩带头把"看话禅"以后才有的一些货色硬塞进了《坛经》里，是明显的作伪行为。②郭朋批评契嵩、宗宝等人，说他们"不顾历

---

① 法海本为"惠顺""三品将军"，其余三本据《曹溪大师别传》分别改为"惠明""四品将军"。
② 郭朋：《〈坛经〉对勘》，济南：齐鲁书社，1981年，第26～27页。

史事实，把在慧能以后才出现的东西，硬往慧能嘴里塞，实在是一种既荒谬又恶劣的作法。（契嵩、）宗宝等人还说，惠明在听了那么一句莫名其妙的混话之后，便'言下大悟'，自然也是一种纯粹的瞎扯！至于惠明说什么'如人饮水，冷暖自知'，其实也不过是一种'后话'罢了"①。虽然"看话禅"是在契嵩之后的南宋大慧宗杲提倡的，契嵩不可能预知后人提出"参话头"之事，但契嵩参看了《曹溪大师别传》，而这样的"参话头"风格正是来自"曹溪古本"。

（六）猎人中潜藏五年还是十五年？

惠明与慧能分别后，三个版本一共又多出了五个故事，惠昕本加了两个，契嵩本和宗宝本在此基础上又加了三个。其中一则故事是：慧能至曹溪后又被恶人追寻，于是在四会县避难，在猎人中潜藏了五年或十五年，时常与猎人说法。惠昕本所载为五年，契嵩本和宗宝本则为十五年。以惠昕本和契嵩本为例，版本对勘如下：

> 【惠昕本】惠能后至曹溪，又被恶人寻逐，乃于四会县避难。经五年，常在猎人中；虽在猎中，时与猎人说法。
> 【契嵩本】能后至曹溪，又被恶人寻逐，乃于四会县避难猎人队中。凡经一十五载，时与猎人随宜说法。

慧能在猎人中究竟潜藏了五年还是十五年？此事为什么不见于敦煌本《坛经》？成书于唐德宗贞元年间（785—805）的《曹溪大师别传》云："能大师归南，略至曹溪，犹被人寻逐，便于广州四会、怀集两县界避难。经于五年，在猎师中。大师春秋三十九。"② 成书于唐代宗大历年间（766—779）的《历代法宝记》云："后惠能恐畏人识，常隐在山林，或在新州，或在韶州。十七年在俗，亦不说法。"③ 这两个本子的差别很大，不仅慧能所藏地方有别，年限也迥异，但都足以说明慧能过了

---

① 郭朋：《隋唐佛教》，济南：齐鲁书社，1980年，第539页。
② 《卍新续藏》第86册，第49页中。
③ 《大正藏》第51册，第182页下。

很长一段时间的隐逸生活。

弘忍向慧能传授衣法并将其送至九江驿时，当时只叮咛说"三年勿弘此法"（敦煌本《坛经》）。五年还比较接近，十五年、十七年是不是太长？再说，慧能不会不听从弘忍的，叫他三年不弘此法，一般不会长达五年，更不会是十五年、十七年，因为佛菩萨度众心切，哪能等那么长时间？弘忍所说的"三年"应该是一个确切的数字，并非代指较长时间。到大梵寺传讲《坛经》之前慧能到哪里"潜藏"，敦煌本没有明说，世人只能猜想，而其他三本为了补充完整，于是编造了这样的故事。惠昕本可能主要参看了《曹溪大师别传》，认为慧能到四会县避难，潜藏在猎人中达五年之久，而其他两本"潜藏地方"与惠昕本一致，但也根据《历代法宝记》所述，将"十七年"改为"十五年"。不过，如果慧能在猎人中潜藏达五年，当时是三十九岁，而此后行化四十余年，那么，慧能应该在八十多岁入寂才符合逻辑，而实际上慧能圆寂时是七十六岁。《曹溪大师别传》所说显然不符合事实，而《历代法宝记》所述"十七年在俗，亦不说法"更离谱。参看了这两本书的惠昕本及契嵩本、宗宝本，虽然没有把"大师春秋三十九"抄于各自的版本里，却也没有仔细推敲，认真思考，不把《曹溪大师别传》《历代法宝记》视为伪书，反而将其作为有参考价值的"古本"而对真古本《坛经》加以修改。

（七）风幡之动

"风幡之动"也是惠昕本、契嵩本和宗宝本三个版本增加的内容。至高宗朝（惠昕本）时，慧能在广州法性寺会印宗法师，并在法会上说出了"不是风动，不是幡动，仁者心动"（见契嵩本）的惊世之语，成为后人时常拈提的"非风非幡"公案。由于契嵩本和宗宝本在文字上基本一致，所以此处只对惠昕本和契嵩本进行比较：

> 【惠昕本】至高宗朝，到广州法性寺，值印宗法师讲《涅槃经》。时有风吹幡动，一僧云幡动，一僧云风动。惠能云："非幡动、风动，人心自动。"印宗闻之竦然。

【契嵩本】一日思惟，时当弘法，不可终遁，遂出至广州法性寺，值印宗法师讲《涅槃经》。时有风吹幡动，一僧云风动，一僧（云）幡动，议论不已。能进曰："不是风动，不是幡动，仁者心动。"一众骇然。

惠昕本指明了故事发生的时间——高宗朝，契嵩本揭示了慧能的心理活动："一日思维，时当弘法，不可终遁"，惠昕本"人心自动"和契嵩本"仁者心动"所表达的意思基本一致。根据三个版本的描述，慧能自从得了衣钵向南方逃去后，为躲避风声，在猎人中潜藏了五年（惠昕本）或十五年（契嵩本和宗宝本），之后才离开猎人，于唐高宗朝（惠昕本）时到广州法性寺。当慧能到了法性寺时，正好遇到印宗法师讲《涅槃经》。风吹动着风幡，一位僧人说是"幡动"，另一位僧人说是"风动"，两人争执不休。慧能对他们说，既不是幡动，也不是风动，而是人心自己在动。印宗法师为慧能惊人之语甚感惊讶。[1]

印宗法师在法会上讲《涅槃经》，在这样严肃的场合，两位僧人竟然大声争论，以至于慧能出面"干涉"。印宗法师在讲法的同时居然还能听到三人的谈话，不仅为慧能之言感到震惊，而且（契嵩本和宗宝本）还请慧能为其讲法，为慧能剃度并拜之为师，这些似乎有悖常理。《历代法宝记》中有此记载：

后至海南制心寺，遇印宗法师讲《涅槃经》，惠能亦在坐下。时印宗问众人："汝总见风吹幡于上头，幡动否？"众言见动。或言见"风动"，或言见"幡动"，"不是幡动，是见动"，如是问难不定。惠能于座下立，答法师："自是众人妄相心。动与不动，非见幡动，法本无有动不动。"法师闻说，惊愕忙然，不知是何言，问："居士从何处来？"惠能答："本来不来，今亦不去。"法师下高座，迎惠能就房，子细借问。——具说东山佛法及有付嘱信袈裟。印宗法师见已，头面礼足，叹言："何期座下有大菩萨！"语已又顶礼，

① 惠昕本直接表示"印宗闻之竦然"，契嵩本和宗宝本皆为"一众骇然"。"一众"当然包括印宗法师，而且从后面印宗法师的反应和举动也可推知。

63

请惠能为和上，印宗师自称弟子，即与惠能禅师剃头披衣已。①

如果惠昕本和契嵩本等要根据《历代法宝记》的记载来改写的话，再简约也应该这样叙述（以惠昕本为例）："至高宗朝，到广州法性寺，值印宗法师讲《涅槃经》。时有风吹幡动，印宗法师就此问众人：'风动还是幡动？'一僧云幡动，一僧云风动。慧能云：'非幡动、风动，人心自动。'印宗闻之竦然。"从故事情节来讲，这样的改写还算比较合理，才能对两僧人争论之事及慧能"惊世之语"的前提作出合乎逻辑的交代。《曹溪大师别传》是这样记载的：

> 至仪凤元年初，于广州制旨寺，听印宗法师讲《涅槃经》。法师是江东人也，其制旨寺是宋朝求那跋摩三藏置，今广州龙兴寺是也。法师每劝门人商量论义，时嘱正月十三日悬幡。诸人夜论幡义，法师廊下隔壁而听。初论幡者："幡是无情，因风而动。"第二人难言："风幡俱是无情，如何得动？"第三人："因缘和合，故合动。"第四人言："幡不动，风自动耳。"众人诤论，喧喧不止。能大师高声止诸人曰："幡无如余种动。所言动者，人者心自动耳。"印宗法师闻已，至明日讲次欲毕，问大众曰："昨夜某房论义，在后者是谁？此人必禀承好师匠。"中有同房人云："是新州卢行者。"法师云："请行者过房。"能遂过房。法师问曰："曾事何人？"能答曰："事岭北蕲州东山忍大师。"法师又问："忍大师临终之时，云佛法向南，莫不是贤者否？"能答："是。""既云是，应有传法袈裟，请一暂看。"印宗见袈裟已，珍重礼敬，心大欢喜，叹曰："何期南方有如是无上之法宝！"②

印宗法师时常让弟子讨论佛教义理。有一次，法师吩咐众人于正月十三日挂经幡。当天晚上，僧人们在一起讨论"风幡之动"，法师在隔壁听。第一人说，幡是无情的，因风而动。第二人说，风幡都是无情的，如何能动？第三人说，风与幡因缘和合而成，是故二者一起动。第

---

① 《大正藏》第51册，第182页下。
② 《卍新续藏》第86册，第49页中。

四人说，幡不动，风自己动而已。众人争论不休，喧嚣不止，这时慧能大师高声止住众人说："风幡不像你们所说的那样有各种动法。所谓动，只是人的心动而已。"印宗法师在隔壁听了，第二天法会即将结束时，问众人最后一位讲话的是谁，这人一定有好师父。与慧能同住一室的其中一人说是新州卢行者，于是印宗法师将慧能请到他的房里询问，并请慧能出示弘忍所传之衣钵，赞叹不已。

《曹溪大师别传》的记载也有可疑之处，这涉及"无情"与"动"之间的关系。风幡无情，就不能动吗？难道只有有情之物才能动？万物的流变也叫作"动"。无情之物也会流变，因而也会动。无情就没有佛性吗？有佛性就能动，因为佛性有"觉"的一面。天台宗就主张无情也有佛性说，故说"一色一香，不离中道"，中道即佛性之异名。天台宗九祖荆溪湛然大师，在其《摩诃止观辅行传弘决》中以十义阐释了无情也有佛性的道理："从事相上分情与无情，而理上情与无情非别，是故情具佛性，无情也同样具佛性。"风、幡也是万物之一，也应该有佛性（法性），因而也能动，而这里慧能竟然也与前面的争论者一样，否定了风、幡无情之动。还有，大家在切磋佛教之理，作为已经见性成佛的慧能，会因对方的"见地浅陋"而像对待罪人一样呵斥对方并炫耀自己"高深"的见解吗？

《曹溪大师别传》据考证系唐贞元年间由江东浙江的一位无名僧人所著，记述了慧能的家世、生平事迹及其传法活动，在慧能去世后约七十年出现于世。《曹溪大师别传》和敦煌本《坛经》在思想内容上存在着很大的差异，如《曹溪大师别传》有关慧能的身世是这样记载的：

> 惠能大师，俗姓卢氏，新州人也。少失父母，三岁而孤。虽处群辈之中，介然有方外之志。其年，大师游行至曹溪，与村人刘志略结义为兄弟，时春秋三十。略有姑出家，配山涧寺，名无尽藏，常诵《涅槃经》。大师昼与略役力，夜即听经。至明为无尽藏尼解释经义，尼将经与读，大师曰："不识文字。"尼曰："既不识字，如何解释其义？"大师曰："佛性之理，非关文字能解。今不识文

字，何怪?"众人闻之，皆嗟叹曰："见解如此，天机自悟，非人所及，堪可出家住此宝林寺。"大师即住此寺，修道经三年。①

慧能自幼父母双亡，是一位皈依佛门的修行者，且在宝林寺出家三年，而不是靠卖柴为生、养活寡母的樵夫。契嵩本和宗宝本所述慧能不识字却能给尼姑无尽藏讲《涅槃经》，这个典故就出自《曹溪大师别传》。胡适列举了许多例子，说明后世《坛经》取材于《曹溪大师别传》。胡适认为，《曹溪大师别传》是一个无学问的陋僧闭门虚造的曹溪大师的故事，因而是一部伪书，本身毫无历史价值，且有许多荒谬不实之处。② 胡适说他"没有最浅近的算学知识，下笔便错，处处露出作伪的痕迹。不幸契嵩上了他的当，把此传认作'曹溪古本'，采取了不少材料到《坛经》里去，遂使此书欺骗世人至九百年之久!"③ 在胡适看来，契嵩所见的"文字鄙俚繁杂，殆不可考"的俗本即敦煌本乃是真正古本，而契嵩所得古本即"曹溪古本"(《曹溪大师别传》)绝不是真古本。④ 洪修平认为，《曹溪大师别传》和《历代法宝记》都是后人根据慧能及其弟子的传说汇编而成的所谓"文繁古本"，惠昕本和契嵩本就是根据此两个"古本"而对敦煌本加以修订，增补了敦煌本中不曾有的慧能生平事迹和弟子机缘。⑤

敦煌本《坛经》和《曹溪大师别传》的思想内容相去甚远，究竟哪一个正确呢? 慧能究竟是父母双亡呢，还是只是父亲早逝、留下他与母亲相依为命?《坛经》既然是中国唯一一部被尊为经的佛书，把它与佛陀所说的经书相提并论，自然有它的道理。佛经真实不虚，无妄语可言。所以，判断《曹溪大师别传》是否是真实的描写，就要将之与见性的《坛经》进行比较。如果并非属实，则是伪书。由此可知，尽管《坛

---

① 《卍新续藏》第86册，第49页中。
② 胡适：《〈坛经〉考之一》，广东新兴国恩寺编《〈六祖坛经〉研究》(一)，北京：中国大百科全书出版社，2003年，第6～9页。
③ 胡适：《〈坛经〉考之一》，广东新兴国恩寺编《〈六祖坛经〉研究》(一)，北京：中国大百科全书出版社，2003年，第9页。
④ 胡适：《〈坛经〉考之一》，广东新兴国恩寺编《〈六祖坛经〉研究》(一)，北京：中国大百科全书出版社，2003年，第3页。
⑤ 洪修平：《关于〈坛经〉的若干问题研究》，《世界宗教研究》1999年第2期。

经》有很多版本，但后世《坛经》多以《曹溪大师别传》为蓝本加以增补，这就证明后世《坛经》不是正宗的，唯有敦煌本《坛经》最可信。

《历代法宝记》对"风幡之动"故事情节的描写与《曹溪大师别传》不同，更合理一些。然而，如果从"风幡之动"本身所反映的真相来看，据两书所改的惠昕本与契嵩本等都有可推敲之处。两僧人在争论究竟是风动还是幡动，慧能却说是"人心自动"或"仁者心动"。对"风幡之动"最常见的解释就是，我们的心感知到了幡，才知道它是动的，所以最重要的还是我们的心。惠昕等编造这个故事，是想说明慧能的见识有多高深，以表达这样一个主题："一切唯心造。"佛法把宇宙万法分为"无为法"和"有为法"两种。"无为法"指离生灭因缘造作、永恒不变的法性真理，本身不生不灭、不来不去。《杂阿含经》云："云何无为法？谓贪欲永尽，瞋恚、愚痴永尽，一切烦恼永尽，是无为法。"① 简单地说，无生灭因缘造作、无人为因素之法，叫作"无为法"；而有生灭因缘造作、有人为因素之法，叫作"有为法"。"风幡之动"属于无为法，风吹幡动，这是自然现象，是永恒不变之至理，虽然有风吹幡，幡才能动，但这是人的主观因素主宰不了的，犹如刮风下雨、日出日落等自然现象一样非人力所为，人对此只能"顺其自然"，顺万物之自性。而佛教所说的"一切唯心造"属于有为法，是说我们的一切境遇都是自己的心识所变现的。这出自《华严经》："若人欲了知，三世一切佛，应观法界性，一切唯心造。"② 意思是说，一切境遇都是唯心所现，唯识所变，三世一切佛也是如此。六道都是人心所变现的，到天堂还是到地狱，成佛还是成魔，全凭人所做的善恶业而定，由人的主观意志所主宰。这就是佛教所说的"一切唯心造"，并不是说宇宙的一切都是人心所造就的。佛性无贪瞋痴，烦恼永尽，故属于无为法；末那识充满贪瞋痴，烦恼不断，故属于有为法。

倘若慧能认为"风幡之动"是人心所为，这只能说明他不仅对佛法

---

① 《大正藏》第 2 册，第 224 页上。
② 《大正藏》第 10 册，第 102 页上。

"一切唯心造"并未真正理解，而且是未断"法执"的小乘之人，认为佛法所说之"空"乃绝对之"空"，断然否定了现象的存在。"缘起有与自性空，空有二者本是统一的……二谛各别是众生事，二谛圆融是一切种智。凡夫见缘起不见性空，小乘人见性空不见缘起，缘起性空能同时双见者唯佛之智境。"① 凡夫执着缘起，只见现象之"有"，不见本性之"空"；小乘之人执着性空，只见本性之"空"，不见现象之"有"；大乘菩萨既见缘起，又见性空，现象与本质不二，非空非有，不离中道。青原惟信禅师曾有一个比喻，形容人修行的三种境界或三个次第：

> 老僧三十年前未参禅时，见山是山，见水是水。及至后来，亲见知识，有个入处，见山不是山，见水不是水。而今得个休歇处，依前见山只是山，见水只是水。②

第一阶段，见山是山，见水是水；第二阶段，见山不是山，见水不是水；第三阶段，见山还是山，见水还是水。第一阶段是凡夫的境界，未入禅门前，所见皆是现象之"有"，未能洞彻万物的空性本质；第二阶段是小乘的境界，初入禅门，偏执于空，只见事物空性本质，不见事物现象之"有"；第三阶段是大乘的境界，"非空非有"，缘起与性空并置不悖，现象与本质圆融无碍。第三阶段与第一阶段看似一样，然则经过了第二阶段"空"之后又向第一阶段回归，但已不同于第一阶段，超越了前两个阶段的对立，既见现象之"有"，又见本性之"空"，因而达到了空有"不二"的大乘境界。此乃"参禅彻悟之境界。山仍是山，水仍是水，事事无碍，一尘不染。此时修道者了了见，了了行，理事圆融，纵横无碍"③。

"风幡之动"的情况也如此。不管是风动还是幡动，所见皆是现象。现象是生灭无常、变动不居的，但就万物的本质而言是空的，也就是说从"胜义谛"上说万物是不动的。现象与本质无碍、动与不动不二。这

---

① 李元光：《藏传佛教直观主义认识论研究》，北京：民族出版社，2009年，第205页。
② 《卍新续藏》第80册，第361页下。
③ 李存周：《从〈六祖坛经〉看悟道境界》，《绵阳师范学院学报》2014年第12期。

种超越对待的无分别思想意旨，即远离二边的中观辩证思维，是达至大乘中道境界的自然显现。《杂阿含经》主要以"双遣两边"即有无双遣、说于中道来诠释其"不二"之意："世人颠倒，依于二边，若有若无。世人取诸境界，心便计著。……如实正观世间集者，则不生世间无见；如实正观世间灭，则不生世间有见。迦旃延！如来离于二边，说于中道。"① "非空非有""非有非无"是《坛经》的般若中观思想，是理解《坛经》心性论之管钥，而"般若学之主旨是以缘起性空理论来阐明不一不异、不落两边之中道意蕴……诸法虽借假名安立，但其作用不空，若从这两方面来理解万物，即是非有非无的中道观。因此，中道是观照世界的态度与方式，为人们过于执著'空'而立，是对不执著的更深入演说"②。既看到"法""我"假有存在的一面，也不能忽视"法""我"自性本空的一面；唯其如此，才能不落于"有"与"无"的任何一边。③因此，在承认万物自性不实有性的同时，也要承认其客观实在性。

慧能这里说"人心自动"或"仁者心动"，只见到了"风幡"本质不动之"空"，否定了现象"幻有"的存在。倘若如此，慧能还只是偏执于"空"的小乘之人，并非达于"空有不二"中道境界的大乘菩萨，岂能说出见性之法？"性空幻有"并没有否定现象之"有"，虽然现象是虚幻的，但不能说这个假象不存在。譬如影子，虽然不是真实的东西，但其幻影还是可见的。同理，从现象上看，"风吹幡动"确实是一个事实，但不能执着佛法所谓的"万法皆空"而加以否定。佛教所说的"万法皆空"是就万物的本性而言，其目的在于使凡夫看破万物的真相，转为对本体世界的追求。先引导他们向"空"转变，升起出离心，然后再修大乘的"非空非有"，见到绝对真理。慧能这时还只见到"空"，还没有达到大乘菩萨的"不二"境界。所以，惠昕等所编造的这部分故事并非真实，"人心自动"或"仁者心动"非慧能所说，而且从后面与印宗法师谈论《涅槃经》的不二法门（契嵩本和宗宝本）也可以看出，这不

---

① 《大正藏》第 2 册，第 66 页下。
② 王冬：《〈坛经〉的般若中道思想及其禅法特色》，《中华文化论坛》2014 年第 1 期。
③ 郭应传：《〈坛经〉般若思想初探》，《广西社会科学》2004 年第 1 期。

是慧能的境界。

契嵩本等所述之慧能，虽然在理论上明白《涅槃经》的不二法门，但在现实中却与之相悖，如他说"人心自动"或"仁者心动"，就在执着"二"，还没有超越二元对立的无分别状态，达到二者圆融的"不二"之境地。这说明惠昕本、契嵩本、宗宝本中的慧能在理论与实践上是脱节的，并没有真正践行佛法，做到言行一致，与他所提倡的"理论与实践不二"是相背离的。如果两者一致，就会同时"不二"，这是修行到最高境界时一种无意识的反应。而且，《坛经》的"三无"思想是慧能大乘中道思想的集中体现，既强调"相""念"的实有，又强调对此不执着，于外无境，于内无心，只要离相、无念，就是解脱。"'三无'思想的实质就是：一方面既不离诸法，又不执著于诸法，所谓即有即无；一方面既要看到诸法之空性，又不执著于空，所谓非有非无，如此方能证入般若实相。"① 于相离相，于空离空，既承认现象的"幻有"，又强调现象的本质"性空"，非空非有，空有相摄，即是《坛经》中道思想。佛性是非有非无、非断非常、非垢非净的"不二之性"，慧能是见性之人，见到的是非空非有的中道佛性，而不是只见本性"空"、不见缘起"有"的持边见的小乘之人。

编造这样的故事，只能给人造成不好的印象，好像佛教否定现象的存在，强调绝对的"空"，使人盲目舍弃世间法而一味追求出世间法。这也是世人对佛教不解的原因，如朱熹因此而误解了佛法，说佛教一切皆"空"，因而也误导了不少人。这样下去就会带来诸多迷惑，使人对佛教"敬而远之"。比如说下雪了，一个人说："不是天在下雪，而是你的心在下雪。"好像一切皆人心所造，人心所变，人能主宰一切，使人越来越狂妄自大，贡高我慢。这些都是惠昕等僧人无意识所犯的错误，只因未见性之故，还属于执着佛教"空"性法相的小乘之人，从其将敦煌本标题中"大乘"一词删去便可窥见一斑，这也是一种无意识的反应。由此可知，除敦煌本外，其他版本都没有见性，后人却被它们牵着

---

① 王冬：《〈坛经〉的般若中道思想及其禅法特色》，《中华文化论坛》2014 年第 1 期。

鼻子走，还为之作出一番"合理"的解释。

（八）契嵩本和宗宝本新增故事三则

除了惠昕本增加的那两则故事，契嵩本和宗宝本还新增了三则故事，所涉及的都是佛教中一些重要的问题。以契嵩本为例：

1. 猎人常令守网，每见生命，尽放之

对于"放生"的可能性问题，可从四个方面进行探讨。其一，猎人怎么可能让辛苦所狩的猎物全都被慧能放掉？其二，如果是慧能瞒着猎人放生，怎么可能瞒那么久？其三，放生的过程中很有可能被猎人撞到，即便没被撞到，猎人难道不会发现自己的猎物少了吗？其四，又不是偶尔放生一两只，而是"每见生命，尽放之"，慧能在猎人队伍中生活了十五年，是如何做到的呢？契嵩等僧人没有认真思考这样的问题，编造这样的故事，反而为蛇画足，多此一举，将自己不经思考造成的过失暴露无遗。

2. 每至饭时，以菜寄煮肉锅。或问，则对曰："但吃肉边菜"

单就"吃肉边菜"一事还可以理解，但长此下去也会引起猎人的怀疑。而且，前面说慧能虽在猎人之中，但时与猎人随机说法，这很有可能暴露自己的身份，慧能怎能坚持只吃"肉边菜"长达十五年之久而没被人发现个中缘由？这也是故事的杜撰者没有意识到的地方。

3. 讲《涅槃经》

契嵩等根据《曹溪大师别传》增添了有关慧能为印宗法师讲《涅槃经》的故事。[①]《曹溪大师别传》原文如下：

> 法师曰："忍大师付嘱，如何指授言教？"能大师答曰："唯论见性，不论禅定解脱，无为无漏。"法师曰："如何不论禅定解脱，无漏无为？"能答曰："为此多法，不是佛性，佛性是不二之法。

---

① 对于这部分内容，契嵩等也参看了《景德传灯录》，如"于是印宗执弟子之礼"，契嵩本将之改为"宗于是执弟子礼"，宗宝本为"宗于是作礼"，而《曹溪大师别传》却没有。

《涅槃经》明其佛性不二之法，即此禅也。"法师又问："如何佛性是不二之法？"能曰："《涅槃经》高贵德王菩萨白佛言：'世尊！犯四重禁、作五逆罪及一阐提等，为当断善根，佛性改否？'佛告高贵德王菩萨：'善根有二，一者常，二者无常，佛性非常非无常，是故不断，名之不二；一者善，二者不善，佛性非善非不善，是故不断，名为不二。'又云：'蕴之与界，凡夫见二，智者了达其性无二，无二之性即是实性；明与无明，凡夫见二，智者了达其性无二，无二之性即是实性。实性无二。'"能大师谓法师曰："故知佛性是不二之法。"印宗闻斯解说，即起合掌，虔诚愿事为师。明日讲次，告众人曰："印宗何幸！身是凡夫，不期座下法身菩萨！印宗所为众人说《涅槃经》犹如瓦砾，昨夜请卢行者过房论义犹如金玉。诸人信否？然此贤者是东山忍大师传法之人。诸人永不信，请行者将传法袈裟呈示诸人。"诸人见已顶礼，咸生信重。仪凤元年正月十七日，印宗与能大师剃发落。……于后能大师于此树下坐，为众人开东山法门。[①]

契嵩本等原文如下（以契嵩本为例）：

印宗延至上席，征诘奥义。见能言简理当，不由文字，宗云："行者定非常人。久闻黄梅衣法南来，莫是行者否？"能曰："不敢。"宗于是执弟子礼，告请传来衣钵，出示大众。宗复问曰："黄梅付嘱，如何指授？"能曰："指授即无，唯论见性，不论禅定解脱。"宗曰："何不论禅定解脱？"谓曰："为是二法，不是佛法，佛法是不二之法。"宗又问："如何是佛法不二之法？"能曰："法师讲《涅槃经》，经明见佛性，是佛法不二之法。如《涅槃经》高贵德王菩萨白佛言：'犯四重禁、作五逆罪及一阐提等，当断善根佛性否？'佛言：'善根有二，一者常，二者无常，佛性非常非无常，是故不断，名为不二；一者善，二者不善，佛性非善非不善，是名不

---

① 《卍新续藏》第 86 册，第 49 页中。

二。蕴之与界，凡夫见二，智者了达其性无二，无二之性即是佛性。"印宗闻说，欢喜合掌，言："某甲讲经犹如瓦砾，仁者论义犹如真金。"于是为能剃发，愿事为师。能遂于菩提树下，开东山法门。

文中"唯论见性，不论禅定解脱"，既与倡导"静心坐禅、渐次悟入"的弘忍思想不一致，也与慧能思想相悖。慧能虽然反对流于形式、执着于相的"坐禅"方式，但并没有否定"禅定解脱"，而是说行住坐卧皆是"禅"，只要秉持"一行三昧"，无所执着，无所取舍，就是"见性"，就是"禅定解脱"。"外离相即禅，内〔外〕不乱即定。外禅内定，故名禅定。"（敦煌本《坛经》）"内外不住"就是禅，"禅"是明见佛性的唯一之路。契嵩本等将禅定与见性对立起来，认为是不同之法，显然不是慧能的思想。"为是二法"这里也是在强调绝对的"空"，似乎什么都不要"为"，"为"就是二法。在契嵩等看来，禅定就是"二法"，不是佛法，所以不能解脱。慧能不识字，只能听人讲《涅槃经》，而后用自己的语言对其领悟到的内容进行阐述，不可能照原文一字不漏地背诵下来，而《涅槃经》中"佛言"部分并非口语形式。至于慧能对《涅槃经》"不二"思想的分析，前面已提到，正好可以证明慧能不会说出"人心自动"或"仁者心动"偏执于"空"的话来——如果他真正做到理论与实践不二的话。郭朋认为，契嵩本、宗宝本添加的这部分关于"佛性"的一段议论，开始发挥《坛经》"思想"了，《坛经》篇幅也就从此越拉越长。[①]

（九）讲说摩诃般若波罗蜜法

惠昕本、契嵩本、宗宝本从这里开始，便打乱了敦煌本《坛经》原有的文字结构，另分章节与段落，这里还是按照法海本的顺序来分析。

1. 定慧一体

惠昕本等将法海本"有灯即有光，无灯即无光"分别改为"有灯即

---

① 郭朋：《〈坛经〉对勘》，济南：齐鲁书社，1981年，第30页。

光，无灯不光"（惠昕本）、"有灯即光，无灯即暗"（契嵩本、宗宝本），将动宾结构的"有灯"等同于名词"光"，而不是形容词"明"。惠昕本还在"无灯不光"中将"光"当作形容词，不仅不符合语法，句义也不通。郭朋认为，惠昕等人对这种原本很通顺的文字擅加改动，真是窜改成癖了。[①]

惠昕本等还将法海本原本通畅的"法无顿渐，人有利钝"改为"本来正教无有顿渐，人性自有利钝"。"人性自有利钝"与"人有利钝"有着本质的区别，主语不一样，表达的意义也就不一样，佛法无"人性有利钝"之说。而且，法海本表明只要"识自本心"，就能见到本性；若开悟便没有差别，没有开悟就会长劫轮回。而其余三本则认为只要"自识本心"或"自见本性"，就没有差别，由此而立"顿渐"之假名。"自识本心，自见本性"还在"识心见性"的过程中，并没有完全见性开悟，与开悟者还是有差别的，而且"无差别"与"立假名"（宗宝本无"假"）无因果关系。既然见到了本性，已顿悟成佛，便无差别，无须立"顿渐"之假名。

2. 三无法门

惠昕本在阐释三无法门时漏掉了"无住为本"等内容，却加入了与之不相关的"问答"以及《金刚经》中的部分内容——尽管提到了"前念""后念"，并将应放在前面的"定慧等义"也放在了这里，保留了对"无念法"的释义，不过是以问答的形式。惠昕本对"顿悟义"的阐释与《神会语录》中的解义完全一致，而且对法海本没有的"传自性五分法身香"（戒香、定香、慧香、解脱香、解脱知见香）只讲了第四、第五和第三的一部分，其他部分漏掉了。惠昕本这部分的内容比较混乱，没有前后逻辑，如"先立无念为宗，无相为体"后紧接着就是与之不相关的问答。而且，在后面有关"有相禅"与"无相禅"的区别时，惠昕本居然漏掉了这一段对"禅定"的阐释，这是不应该的。惠昕不可能这

---

① 郭朋：《〈坛经〉对勘》，济南：齐鲁书社，1981年，第34页。

么粗心，这可能是郭朋所用的版本①有刊误，两个"十八"便说明了问题。而且，惠昕本漏掉的"无住为本"，契嵩本则有，且整句与兴圣寺本一致，与法海本有别，说明契嵩本可能抄自惠昕原本②，因此惠昕原本这部分内容（包括有关"禅定"的内容）应与契嵩本基本一致，不过兴圣寺本也有这部分内容。又如前面法海本"菩提般若之智，世人本自有之，即缘心迷，不能自悟，须求大善知识示道见性"，惠昕本没有这部分内容，而契嵩本（包括德异本）却有（宗宝本无），只是稍微作了改动，为"菩提般若之智，世人本自有之，只缘心迷，不能自悟，须假大善知识示导见性"，误认为法海本"示道见性"的"道"应为"导"，这部分内容在兴圣寺本中也能找到。兴圣寺本是日本五山时代复刻的宋版《坛经》，本寺的了然在庆长四年（1599）加上朱点，庆长八年（1603）又加上和点（用日语读汉文的记号），并附上从其他书抄来的惠昕序和晁子健序后刊印，而兴圣寺本原是缺序的，五山复刻本至少在后来刊行二次，惠昕本有可能曾在庆元（1195—1200）年中刊行。③ 郭朋所用的惠昕本可能就是后来的再刊本，有些地方再刊时漏掉了，或其本人刊印时刊漏了，如惠昕本前面"三、为时众说法门"（应为"三、为时众说定慧门"）后便没有"四""五"两部分。第四部分关于坐禅的内容应根据宗宝本修改，因为契嵩本和宗宝本两段顺序作了对调（宗宝本和兴圣寺本顺序一致），宗宝本与法海本一致，而宗宝本也参看了惠昕本，惠昕原本可能也是按照法海本的顺序改写的，只是作了一些改动，因而第四部分可改为"四、教授坐禅门"（一九、二〇两段）。第五部分的内容可根据契嵩本等改为"五、传香忏悔发愿门"（二一），而契嵩本等把"传香"部分放在了法海本"大师住漕溪山，〔于〕韶、广二州行化四十余年"一段后，惠昕本（二二）开头便是契嵩本等"传香"最后

---

① 据洪修平《关于〈坛经〉若干问题的研究》所述，郭朋的《〈坛经〉对勘》是以民国时期普慧大藏经刊行会刊印的四种《坛经》本子的合编本为底本。
② 根据杨曾文《〈坛经〉演变示意图》所示，契嵩本依照惠昕原本，或其后的惠昕本或晁迥抄本（包括周希古刊本）而修改《坛经》，而不是晁子健刊本（包括存中再刊本）或其后的其他刊本。
③ 参见〔日〕宇井伯寿著，杨曾文选译：《〈坛经〉考》，广东新兴国恩寺编《〈六祖坛经〉》研究》（四），北京：中国大百科全书出版社，2003年，第274页。

一句："善知识！此香各自内熏，莫于外觅"。不过，"四""五"这两部分内容在兴圣寺本都能找到。再如，在后面《自性真佛解脱颂》中，法海本"嬥性本身（是）净性因，除嬥即无净性身"，郭朋所用的法海本（斯本）为"淫性本身（是）净性因，除即淫（淫即）无净法身"；惠昕本为"淫性本是净性因，除淫即无净性身"，兴圣寺本为"嬥性本是净性因，除嬥即无净性身"；契嵩本为"淫性本是净性因，除淫即是净法身"，宗宝本为"淫性本是净性因，除淫即是净性身"，德异本（包括《慧能研究》宗宝本）为"嬥性本是净性因，除嬥即是净性身"，这部分内容大乘寺本则无。郭朋所用版本将"嬥"都改成了"淫"，也许抄写者或刊印者认为"嬥"写错了。斯本"即嬥"两字作了对调，本身就是"嬥即"，只是对调符号不明确，而且斯本就是"性身"，不是"法身"，可能字迹不是很清楚，郭朋所用版本的抄写者或刊印者没有注意到。这些说明郭朋在《〈坛经〉对勘》中所用的惠昕本为五山复刻本后的再刊本，或是郭朋本人刊印时所误之版本，不过前者可能性更大。

在"三无法门"这部分内容中，法海本"前念、今念、后念，念念相续，无有断绝。若一念断绝，法身即离色身。念念时中，于一切法上无住。一念若住，念念即住，名系缚"，契嵩本和宗宝本将之改为"若前念、今念、后念，（念念）相续不断，名为系缚。于诸法上，念念不住，即无缚也"，契嵩本无"念念"两字，宗宝本则有。法海本的意思是，人的念头相续不断，但只要念念无住，即是解脱；若一念住，则念念即住，即是系缚，不得解脱。而契嵩本等的意思是，如果人的念头相续不断，就是系缚。也就是说，人的念头要有断绝，否则不得解脱。但法海本说，如果一念断绝，法身便离色身，人也就死亡了。所以，契嵩、宗宝等人（包括惠昕）并没有领会慧能的意思。而且，法海本"莫百物不思"，契嵩本等改为"若只百物不思"，"莫"与"若"迥然有别，而且加了一"只"字，意思也不通。

3. 无相戒

惠昕本等打乱了《坛经》原有的文字结构，改变了慧能说法各部分的次第，独自分段而使之更具条理，然而这种做法却割裂了《坛经》核心思想"无相"与"顿悟"之间的连贯性、一致性。下面以"无相戒"为例，按照敦煌本的顺序，对敦煌本和惠昕本等进行比较，具体见表2-1。

表 2-1　敦煌本与惠昕本之比较

敦煌本	惠昕本
(1) 自性三身佛 (2) 四弘誓愿 (3) 无相忏悔 (4) 无相三归依戒	(1) 增添"传自性五分法身香" (2) 无相忏悔 (3) 四弘誓愿 (4) 无相三归依戒 (5) 一体三身自性佛

胡适认为，这种改动大概是因为惠昕添入了"传香"一大段，故将"忏悔"一段移到前面去，后又改移其他各段落，先传香，再忏悔、发愿、传无相戒和说自性三身佛。[1] 在胡适看来，这个顺序确实比原来的次第要好些，后来各本都遵照惠昕本而改。[2] 然而，胡适没有意识到，敦煌本《坛经》自成体系，首先让众生明白自性中即有三身佛，向自性三身佛发自性四弘誓愿以自利利他，再自性忏悔灭三世业障，最后自性三归依成就佛道。从"有相戒"到"无相戒"即"自性戒"，从外在"三身佛"到"自性三身佛"，从"四弘誓愿"到"自性四弘誓愿"，从"忏悔"到"无相（自性）忏悔"，从"三归依"到"无相（自性）三归依"，慧能使禅宗理论成为彻底的心性论，引导众人实现由"相"到"性"、由"外"到"内"的方向性转变，逐步走向成佛之路，展现了由向自性回归、再到"无相而顿悟"的次第修行之路。

---

[1] 胡适：《〈坛经〉考之二》，广东新兴国恩寺编《〈六祖坛经〉研究》（一），北京：中国大百科全书出版社，2003年，第21页。
[2] 胡适：《〈坛经〉考之二》，广东新兴国恩寺编《〈六祖坛经〉研究》（一），北京：中国大百科全书出版社，2003年，第21页。

（1）自性三身佛

①"舍宅"与"舍它"

在慧能讲解自性三身佛时所说的"色身是舍宅，不可言归"（敦煌本《坛经》）一句中，契嵩本和宗宝本都将其中的"舍宅"变成了"舍它"，前后两次提到。惠昕本最后将"舍宅"写成了"宅舍"，意思差不多。"舍宅"表明肉身是三身佛寄居之所，虽会坏灭，但还是可以借假修真。毕竟人身难得，佛法难闻，借此假身精进修行，就可成就真身（三身佛）。"借假修真"，这是佛教有关色身功能的常识，而作为僧人的契嵩和宗宝竟然不知，岂不让人难以理解？契嵩本和宗宝本执着于小乘"性空"，而"舍弃色身"不符合慧能的大乘中道思想；而且，"舍宅"是名词，而"舍它"是动宾结构，不符合语法规则。

②报身佛

法海本对"报身"的定义是："常后念善，名为报身"或"念念善，即是报身"。法海本的意思是，以前的恶业已造，就不要去想了，只要以后"念念善"，就会成就圆满报身佛。而其他三本则将之改为"于实性中不染善恶，此名圆满报身佛"，或"念念自性自见，即是报身佛"。根据惠昕本等对前面"实性"的解释，这里的"实性"就是本性（自性或佛性）。本性本来就是非善非恶的，"佛性常清净"，不会去染"尘埃"，因而就谈不上自性"不染善恶"之说。

③"但悟三身，即识大意"

法海本"但悟三身，即识大意"，惠昕本将其改为"但悟自性三身，即识自性大意"，契嵩本和宗宝本则进一步改为"但悟自性三身，即识自性佛"。慧能想说，只要能见到自性中的三身佛，达至佛之境地，就能明白我所说的意思。这里的"大意"指慧能所说之意。惠昕本改后则表明，只要能见到自性中的三身佛，就能明白自性的精髓，而契嵩本和宗宝本误认为"大意"就是"佛"，于是又将惠昕本中的"大意"改为"佛"。惠昕没有领会慧能的意思，契嵩和宗宝更是离题甚远。

（2）四弘誓愿

法海本的"四弘誓愿"是："众生无边誓愿度，烦恼无边誓愿断，法门无边誓愿学，无上佛道誓愿成。"惠昕本等将之改为："自心众生无边誓愿度，自心烦恼无边誓愿断，自性法门无尽誓愿学，自性无上佛道誓愿成。"惠昕等人随顺慧能对"众生无边誓愿度"中"众生"的阐释，在前两句和后两句前分别加了"自心"和"自性"，但其后对各句的释义又是按照法海本"四弘誓愿"的原句来解释的。尽管八万四千法门都在自性中，但求自性，便可获得，成"佛道"也如此，但法海本"四弘誓愿"更简练、更通顺，无须点明"自性"。而且，惠昕等人将法海本"远离迷执""除却迷妄"分别改为"离迷离觉""除真除妄"，"迷"与"觉"、"真"与"妄"意思刚好相反，两者都除掉了，还留什么？留下一个"空"字，这也是小乘人偏执于"空"的一种无意识反应。惠昕等人还将法海本"自悟佛道成，行誓愿力"改为"常念修行，是愿力法"。"念修行"与"愿力法"有何关联？如果只是小乘的境界，虽然"常念修行"，也不会发愿成佛，倒驾慈航行菩萨道以实现自己度众的誓愿。

（3）无相忏悔

惠昕本等将法海本"无相忏悔三世罪障"改为"授无相忏悔，灭三世罪，令得三业清净"，其实惠昕没有明白"无相忏悔三世罪障"是动宾结构，"无相忏悔"就是谓语动词，"三世罪障"作其宾语。其后又将法海本"前念、后念及今念"改为"前念、今念及后念"，这是可接受的，但在其前加了一个"从"字，便造成了语法错误。法海本强调自性忏即无相忏，在自性上忏悔才是真正忏悔，而惠昕本等"愿一时消灭，永不复起"，并没有提及"自性忏"，似乎在外求佛菩萨的加持而灭罪。而且，三本对"忏悔"的解释与法海本不同。法海本"忏者终身不作，悔者知于前非"，意即忏悔者知道从前所造的恶业，发誓终身不再犯同样的错误。虽然对"忏"与"悔"的定义前后有失逻辑，但意思是明确的。而其余三本的解释是"忏者忏其前愆，悔者悔其后过"，不仅忏悔从前所造的恶业，对以后还没造的罪业也要悔过。这不仅有悖法海本的意思，与自身对"悔"的阐释也不一致。惠昕等人也许在这里只是出于文句对仗的考虑，并没有想到表达是否正确。

（4）无相三归依戒

法海本"自心归依正，念念无邪故，即无爱著；以无爱著，名离欲尊"，其他三本将其改为"自心归依正，念念无邪见；以无邪见故，即无人我、贡高、贪爱、执著，名离欲尊"。将"人我""贡高"视作欲望并不准确，虽然欲望为人之贪欲，但直接将"人我"界定为贪欲，似不妥；"贡高"为人之傲慢之心，也不是贪欲。郭朋认为，这部分不仅文字繁琐，意思也不如法海本准确；其他三本将法海本"凡夫不解"中的"解"改为"凡夫不会"的"会"，更禅化了，后面所加的"外敬他人"与"自归依"也没有什么关系。① 无欲则正，有欲则邪，正是这种贪欲、执着，才使人变得"邪""恶"。所以，要回归正道，必须去贪爱、去执着，此名为"离欲尊"。

4. 摩诃般若波罗蜜

惠昕本等在法海本的基础上增加了不少内容，如对"摩诃"的解释，法海本只是"心量广大，犹如虚空"，其他三本对此作出阐释，所加内容至少部分表明"虚空"是"真空"。而慧能这里的意思是说，人的心量犹如虚空般广大，能涵容一切，并不是说虚空是"真空"。而且，三本将法海本后面"尽皆不舍，不可染著"改为"尽皆不取不舍，亦不染著"，"不取舍"与"不染著"意思接近，从这里也可以看出三人无意识地追求一味的"空"，没有佛菩萨既不染著、也不舍众生的慈悲救度的大乘精神；"尽皆不舍"意即不舍众生。

法海本"莫（若）定心坐，即落无记（际）空"，说明如果定心坐禅，就会进入无际空，心量就会像虚空一样涵容一切，与后面"能含日月星辰、大地山河……"便能产生关联，这里"莫"通"若"、"记"通"际"。而其余三本将之改为"若空心静坐，即落（着或著）无记空"，惠昕还在后面加了一句"终不成佛法"，三人认为就是"无记空"。如果法海等对佛教术语"无记"也没有真正理解，以"无记"代替"无际"，但惠昕等僧人应加以纠正，这说明他们对佛教义理也没有完全掌握。"无记"乃佛法三性之一，不能记为善或恶。而且，将法海本"我此法

---

① 郭朋：《〈坛经〉对勘》，济南：齐鲁书社，1981年，第56页。

门从八万四千智慧"改为"我此法门，从一般若生八万四千智慧"，似乎慧能的顿教法门不属于八万四千法门，而是顿教法门产生出八万四千法门，这样的修改造成了句义的模糊。

5. 根性之别

在谈到大小根性之人的区别时，惠昕本、契嵩山、宗宝本将法海本"如漂草叶"改为"如漂枣叶"，这种"改一般为特殊，变泛称为特称"的做法，在郭朋看来，不仅莫名其妙，而且反而不如法海本的语义准确。[①] 惠昕是否在抄写时将"草"看作"枣"，不得而知，后面两本只是照抄而已。法海本"有般若之智之人与大智之〔人〕，亦无差别"，其余三本将之改为"元有般若之智与大智人，更无差别"，不仅语义不通，而且与慧能想表达的意思相去甚远。慧能是说，具有大乘根性之人，包括具有"般若之智"与"大智"的菩萨，是没有差别的。这里的"亦无差别"是对"龙降大雨"比喻作出的回应，是说大乘菩萨心无执着，心中之水便能与龙王所降之水融为一体，不会被大雨一沃即倒。其余三本将"亦无差别"的"亦"改为"更"，似乎是说小根之人也与"龙降大雨"相应，而大根之人更是如此，误解了法海本"亦无差别"之意。

惠昕等人还将法海本"当时尽悟，犹如大海纳于众流，小水大水合为一体，即是见性"改为"常不能染，即是见性"，认为只要不"染"，就能见性。而法海本作了一个形象的比喻，认为只要起用自性，"云雾"散尽之时便是见性之时，上下明澈，通达无碍，犹如海纳百川，众水融为一体，这中间含有"去染返净"的过程。惠昕本等将法海本"若无智人"改为"若无世人"，认为这里的"智"是"世"的别字。从法海本前面"皆因人置，因智惠（慧）性故，故然能建立"可知，诸法皆因人的根性而置，因为人皆有空性智慧，故能理解经书，只因迷悟程度不同而已；如果没有智慧，万法就不会建立。惠昕等对慧能的意思没有理解透彻，且将其后"愚为小，故智为大"改为"愚为小人，智为大人"，这种比喻并不恰当。惠昕本还将法海本与"故知不悟，即佛是众生"形

---

① 郭朋：《〈坛经〉对勘》，济南：齐鲁书社，1981年，第66页。

成对仗的"一念若悟，即众生是佛"删掉了，还删掉了其后的"故知一切万法，尽在自身心中。何不从于自心，顿见真如本性？"然而，契嵩本和宗宝本都有这部分内容，只是略有改动，而兴圣寺本也有这部分内容，与此两本相同，说明惠昕本有可能是因为再刊本将其漏掉了。

涉及根性转变的问题时，其余三本将法海本"识自心内善知识"改为"自心内有知识自悟"，可能惠昕本将"善知识"的"善"写掉了，造成了句义模糊，其余两本只是照抄，没有深入思考。惠昕本还将法海本"使六贼从六门走出"改为"使六识从六门走出"，其余两本是"使六识出六门"，也不符合佛理。"六门"指眼、耳、鼻、舌、身、意六根，"六贼"则指受到染污的"六根"。"六识"指以六根为依而对色、声、香、味、触、法六境（六尘）而产生的见、闻、嗅、味、触、知六种认识作用，"六识"只是依于六根而产生了别作用，本身没有"净"与"不净"之别，所以慧能说"法性起六识"（《敦煌本〈坛经〉》）。如果六根是清净的，则六识也是清净的；如果六根不净，则会产生慧能所说的"六贼"。所以，慧能说，"由自性邪，起十八邪含；自性〔正〕，〔起〕十八正含"（《敦煌本〈坛经〉》）。因此，慧能所说的"使六贼从六门走出"，是指清净六根，而惠昕本"使六识从六门走出"或契嵩本等"使六识出六门"，便会使六识失去识别功能。三本还将表示非空非有的法海本"（于六尘中）不离不染"改成了完全"空"的"无染无杂"。不过，将法海本"外善知识即有教授"改为"外善知识虽有教授，救不可得"更清楚。

6. 《无相颂》及答韦使君等问

对于第一首《无相颂》（亦名《灭罪颂》），惠昕本等将法海本"即与悟人同一例"改为"即与诸佛同一类"，将"三毒恶缘心中洗"改为"离诸法相心中洗"，等等。郭朋认为，将"悟人"升格为"诸佛"，特称"三毒恶缘"改为概称"诸法相"，如此诸多修改，与法海本文意悬殊。[①] 而且，惠昕本还将法海本"赞言无尽：'昔所未闻！'"改为"一时

---

① 郭朋：《〈坛经〉对勘》，济南：齐鲁书社，1981年，第76页。

作礼，无不悟者"，契嵩本和宗宝本则直接改为"一众闻法，靡不开悟"。"悟"还可以接受，而"开悟"即见性成佛，这既不符合事实，也不符合佛理。契嵩本和宗宝本还将假定性的"欲入圣位"改为必然性的"定入圣位"，没有明白与其后表示转折关系的"然"有何关联。而这首偈颂，契嵩本将其编排在《传香忏悔第五》，宗宝本则编排在《忏悔第六》，可能认为第一首《无相颂》应放入"忏悔"中。契嵩本、宗宝本在这里则加入第二首有关在家修行的《无相颂》"说通及心通……"，没有理会两首《无相颂》之间的内在关系。第一首《无相颂》阐明忏悔以"灭罪"，明了"修福"与"修道"两者的区别，避免在家修行人常犯的错误思想，即将"修福"视作"修道"；第二首《无相颂》阐述"在家修行"的修持之法，其中也涉及在家修行常犯的错误，如"只见他人过，不见己过"，而慧能认为将世人颠倒的观点重新颠倒过来，即"只见己过，不见他人过"，就见到菩提了。

当韦使君问及为何达摩说梁武帝造寺、布施等并无功德时，惠昕本对法海本"功德在法身""功德自心作"作了进一步的阐述，其中一句"外行于礼是功，内心谦下是德"（惠昕本），契嵩本和宗宝本将其改为"内心谦下是功，外行于礼是德"。郭朋认为，三个版本的意思是一样的，但与法海本相去甚远，说明三者口讲"禅"理，意在世俗。[①] 而且，三本还将法海本"自法性有功德"改为"见性是功"。慧能是说自性本具功德，只要向内求，就可以获得功德，而惠昕等人认为"见性"即成佛才是功德，加深了获取功德的难度。三本"心体离念是德"与其后"念念无间是功"相矛盾，虽然"功"与"德"不尽相同，但都是褒义词，而"心体离念"与"念念无间"意思刚好相反。

当韦使君问及如何到达西方极乐世界时，法海本说西方极乐世界"去此不远"，说近只为下根，说远只缘上智。对下根之人说近，是鼓励他们念佛往生净土，而对上根之人说远，是鼓励他们自净其心，只要能"自净其心"，遥远的净土便近在咫尺，否则遥不可及。而惠昕本等将其

---

① 郭朋：《〈坛经〉对勘》，济南：齐鲁书社，1981年，第80页。

改为"说远为其下根，说近为其上智"，虽然听起来顺口，但意思与法海本完全相反。惠昕本还将法海本"除〔十〕恶即行十万，无八邪即过八千"改为"若论相说理，即有十万八千；若说身中，十恶八邪便是"，放在"去此不远"之后，以解释"说远""说近"，但词不达意，不甚明了，与后面"今劝善知识，先除十恶，即行十万；后除八邪，乃过八千"的释义不一致。法海本"除十恶""无八邪"便过了十万八千里，这只是一个比喻，即只要修心，弹指间便可到达西方极乐世界，亦即在人间就可把秽土变为净土。而惠昕却认为"十万八千"是一个具体的数字，以为西方极乐世界离这里有十万八千里，身中"十恶八邪"便是"十万八千"。契嵩本和宗宝本根据惠昕本作了改动，不过意思与惠昕本差不多。三本"十恶八邪"比喻的表达都不甚清楚，应为"若身中'十恶八邪'不除，便是说远；若身中'十恶八邪'除灭，便是说近。"

惠昕本等还增入了"东方人造罪，念佛求生西方；西方人造罪，念佛求生何国"这两句思想界所熟悉的根本否定"净土"思想的话。[1] 法海本说，西方极乐世界离这里不远，如果心不净，念佛求往生也不会如愿。其他三本则说东方人造了恶业，于是念佛求生西方净土，好像只要念佛，不管心净不净，都可以往生，而且后面"西方人造罪，念佛求生何国"似乎带有讽刺之意，否定了"净土"的存在。三本还把法海本"一时见西方无疑。即散！"和"大众愕然，莫知何事"删掉了，可能认为慧能在给大众开玩笑，没有深刻领会慧能的意思。慧能想以此形象地表明其"无相"即"空"（散）思想，只要"无相"——空，即刻见西方极乐世界。三本还将法海本"外有六门——内有意门"这句慧能说溜了嘴的话改为"外有五门，内有意门"，虽然改动正确，但没有领悟到慧能说此话的情况。三本还将法海本"佛是自性作"改为"佛向性中作"。"佛是自性作"表明佛是向自性中求来的，即自净其心而成佛，而"佛向性中作"表示佛向自性中作佛事。

法海本说，自心上有真如觉性放大光明，上照破六欲诸天，下照除

---

① 郭朋：《〈坛经〉对勘》，济南：齐鲁书社，1981年，第86页。

三毒烦恼。这些六欲、三毒都是内心的烦恼，而惠昕本等将其改为"外照六门清净，能破六欲诸天；自性内照，三毒即除"，似乎"六欲"为外在烦恼，三毒才是内心烦恼。法海本"应是迷人了然便见"，是说即使是迷人，也会有所领悟。根据上文可知，这里的"见"是"理解"之意。而惠昕本将其改为"但是迷人，了然见性"，契嵩本和宗宝本则改为"大众闻说，了然见性"，好像众人听说后都"见性"了，而"见性"即成佛的别称。

在第二首《无相颂》中，惠昕等认为法海本"邪正悉打却"后面漏掉了一句，于是补加了"菩提性宛然"。不过，"宛然"意即"仿佛"，所以"菩提性宛然"表达并不准确，应与法海本前面"即是菩提见"一致。惠昕本在法海本"依偈修行"后加了"言下见性"，并将"依此不修"改为"于此言下不悟"，后面还增加了"俱明佛性"，契嵩本和宗宝本也添加了"言下见性成佛"一句。这与慧能思想不一致，"修行"与"言下见性"程度不同。契嵩本和宗宝本对这部分内容作了较大的改动，将"说通及心通……"（第二首《无相颂》）放在了《悟法传衣第一》末尾（契嵩本）、《般若第二》末尾（宗宝本），而另加了一首《无相颂》"心平何劳持戒……天堂（西方）只在目前"，契嵩本作"天堂"，宗宝本为"西方"。契嵩本和宗宝本还将惠昕本第一首《无相颂》之后"今于大梵寺中……何期岭南有佛出世"稍作修改后放在了第二首《无相颂》之后，而将惠昕本第二首《无相颂》之后"总须诵取……俱明佛性"修改后分成两部分，分别放在第一首《无相颂》和自己所加的《无相颂》之后。郭朋认为，这首添加的偈颂，一方面否定了作为佛教僧侣修行基本功的戒禅，另一方面又非常强调维护封建伦理、封建秩序，说明是宋代一些"儒化"了的禅僧们的货色。[①]

慧能答韦使君等提问之后，便住曹溪山，在韶、广两州行化四十多年。对于这部分的讲述，法海本"若论门人，僧之与俗，三五千人，说不可尽"，惠昕本将之改为"诸宗难问，僧俗约千余人，皆起恶心难

---

① 郭朋：《〈坛经〉对勘》，济南：齐鲁书社，1981年，第94页。

问"，还附加了慧能关于"无二之性"的阐述等。契嵩本和宗宝本皆无
此段内容，却将惠昕本所增添的"诸宗难问……请事为师"略作修改后
抄于有关"慧能答神会问"末尾，而将惠昕本"传自性五分法身香"放
入这里，名为"传香忏悔第五"（契嵩本）、"忏悔第六"（宗宝本）。契
嵩本和宗宝本在"传香"之前增加了"时大师见广、韶洎四方士庶……
既从远来，一会于此，皆共有缘，今可各各胡跪"等内容，而后紧接
"先为传自性五分法身香，次授无相忏悔"，说明"传香"应放于"授无
相忏悔"前。契嵩本等后面"善知识！此香各自内熏，莫得外觅"，正
好与惠昕本（二二）接上了。兴圣寺本也有这部分内容，只是没有契嵩
本等所加的"时大师见广、韶洎四方士庶……既从远来"，而从"一会
在此，皆共有缘，今各胡跪"开始，略有改动，无"先为传自性五分法
身香，次授无相忏悔"，直接跟"传自性五分法身香"。这再次说明郭朋
所用的惠昕本在兴圣寺本之后，或者说其本人刊印时刊漏了这部分内
容。"自性五分法身香"分为戒香、定香、慧香、解脱香和解脱知见香。
佛教讲戒定慧，只要真正做到，就是解脱，哪里还需要"解脱"香和
"解脱知见"香？

（十）答弟子问

在慧能与弟子志诚的对答中，法海本说志诚"半月中间"至曹溪
山，而惠昕本说"经五十余日"，契嵩本和宗宝本则未说明时间。法海
本没有说志诚在神秀处学了多少年，其余三本都是"学道九年"。法海
本"烦恼即是菩提，亦复如是"是针对志诚"未说时即是，说了即不
是"而言的，意即"烦恼未说破便是烦恼，说破了即是菩提"，而惠昕
本将其改为"烦恼菩提，亦复如是"，表达不甚明了，缺乏"转念"的
过程，使人不知"烦恼"与"菩提"两者之间有何关系，与其所改"未
说即是，说了不是"又有何关联。契嵩本和宗宝本却漏掉了此句，只有
"未说即是，说了不是"。法海本说神秀的戒定慧"劝小根智人"，慧能
的戒定慧"劝上智人"，而惠昕本等则说神秀的戒定慧"接大乘人"，慧
能的戒定慧"接最上乘人"，不仅与法海本有别，且与后面"汝师戒定

慧劝小根智人，吾戒定慧劝大根智人"相抵触。"小根智人"即小根人，而"大乘人"指大乘菩萨，两者完全不同。惠昕等人误将"小根智人"理解为"大乘人"，"大根智人（或上智人）"理解为"最上乘人"，而"大根智人（或上智人）"包括大乘人（菩萨）和最上乘人（佛）。郭朋认为，把"大乘人"与"小根智人"完全等同起来，这在佛教教义上是缺乏根据的。① 三本"顿悟顿修，亦无渐次，所以不立一切法"，将法海本"不立戒定惠（慧）"改为"不立一切法"，偏离了慧能对"戒定慧"的解释，这是受其前面所增内容影响之故。法海本中慧能按"戒定慧"正常顺序对"自性戒定慧"下定义，而其余三本却针对志诚不按常规所作的"戒慧定"将慧能的"自性戒定慧"改为"自性戒慧定"，契嵩本和宗宝本还在其后加了两句"不增不减自金刚，身去身来本三昧"含义模糊的偈文，又在其后增加了一首志诚的偈颂。契嵩本和宗宝本在前面介绍志诚到慧能处听法时，还添加了法海本和惠昕本都没有的谶语，即慧能发觉"今有盗法之人，潜在此会"之说，其后还附加了慧能一首有关"坐禅"的偈文"生来坐不卧……何为立功课！"并且在有关"慧能与志诚对答"的最后，还增加了法海本和惠昕本所没有的有关不识字的慧能为尼姑无尽藏讲《涅槃经》之事，同时增添了一个谶纬，各自放入"参请机缘第六"（契嵩本）、"机缘第七"（宗宝本）之中。

在与弟子法达的对答中，法海本和惠昕本基本相同，只是惠昕本将法海本"七卷尽是譬喻因缘"中"七卷"改为"十卷"，在"于自心地常开佛知见"后漏掉了"莫开众生知见"一句，还漏掉了本与前面"开佛知见转《法华》"形成对仗的"开众生知见被《法华》转"一句。契嵩本和宗宝本却在"法达"之前增入了法海本和惠昕本都没有的关于弟子"法海"的一段内容，所添加的偈文只是顺口，并非慧能的见性思想，如"前念不生即心，后念不灭即佛""成一切相即心，离一切相即佛""即心名慧，即佛乃定"，等等。偈中"心"与"佛"是同一个概念，然而契嵩等认为"有念"就不是"心"，与"后念不灭即佛"相矛

---

① 郭朋：《〈坛经〉对勘》，济南：齐鲁书社，1981年，第104页。

盾；"成一切相即心"表明"即相"就是"心"，与后面"离一切相即佛"又不一致，这里的"心"与"佛"又不是同一个概念了。对于"法达"这部分，契嵩本和宗宝本增改了不少内容，有些偈文与慧能思想相悖，如"有我罪即生，亡功福无比""无念念即正，有念念成邪"，等等。"亡功福无比"应为"亡我福无比"，才与前面"有我罪即生"相对应。既然"无念"，连"念头"都没有，怎能还会"念即正"？契嵩等认为"有念"就是"邪"，而慧能并没有提倡绝对的"无念"，而是"但持正念"，倘若一念断，便"别处受生"，人也就死亡了。法海本中慧能说《法华经》是一乘法，下分三乘是方便迷人随缘说法，并没有说"三车是假，为昔时故；一乘是实，为今时故"，并非认为三乘是假，是昔时说法，一乘是实，是现时说法。而且，契嵩本、宗宝本后面对"持《法华经》"所作的比喻"应知所有珍财，尽属于汝，由汝受用，更不作父想，亦不作子想，亦无用想"语义含混，与慧能对"转《法华》"的阐述显然不一样，不过前面"心迷《法华》转，心悟转《法华》"倒是可取，只是没有法海本具体且尤为突出"践行佛法"这一过程。

在与弟子智常的对答中，法海本和惠昕本也基本相同。不过，法海本"一切不离〔染〕，但离法相"，惠昕本则是"一切不染，离诸法相"，契嵩本与惠昕本相同，宗宝本将"不"改成了"离"，意思差不多。"一切不离"与"一切不染"，一字之差，意义迥异。前者乃大乘修持之道，"一切不离"谓"一切不离世间"，即一切皆不离众生，"但离法相"即"只远离外在之相"，因而"一切不离，但离法相"意即"即世而离世"，此乃大乘菩萨对众生救度不舍却又出淤泥而不染的大乘之道，慧能称之为"最上乘"即"一佛乘"。而后者"一切不染，离诸法相"，揭示了小乘之人舍弃众生、远离世间而求自我解脱之路，缺乏大乘菩萨慈悲救度的精神，也是小乘"绝对空"思想的自然流露。而且，"一切不染"与"离诸法相"之间无逻辑关系，既然不染一切，便包括"离诸法相"，无须再提。当智常问及四乘教义时，法海本"〔最上〕乘是最上行义，不在口净"，惠昕本等将之改为"乘是行义，不在口角（争）"，将两个"最上"删掉了。不过，法海本第一个"最上"也没有，但可根据上文加上。惠昕可能照抄法海本而有意将第二个也随之删掉，其他两本抄自惠昕本，只是将"角"改为"争"。然而，三本这样一改，此句之义与慧能思想完全不合。慧能认为四乘教义中小乘和中乘分别在读经和解义等理论方面下功夫（可谓之"理义"——作者加），而大乘和最上乘才是付诸行动即行菩萨道的真正"行义"。不过，大乘是菩萨乘，自利利他，是大乘行义，而最上乘是最上行义，是成佛后圆融无碍的"一佛乘"即佛乘，作无所作，行无所行，完全无私无我地利益众生。而惠昕等这样一改，就变成了四乘都是"行义"，都是将理论与实践结合起来的菩萨行，而且惠昕本所加的"一切时中，自性如是，是四乘义"（契嵩本、宗宝本是"一切时中，自性常如"），也表明没有真正理解什么是"四乘义"。契嵩本和宗宝本还在"智常"之前增加了"志通"（宗宝本为"智通"）一段，对"三身四智"的释义也不准确，如"若悟三身无有自性，即名四智菩提"（宗宝本将"名"写成了"明"）、"若离三身，别谈四智，此名有智无身（也）"等定义不明，有悖佛理。而且，契嵩本和宗宝本还在"智常"一段中还加入了智常见大通的一大段，所增偈文如"了无一物可见，是名正见；了无一物可知，是名真知"等为"恶趣空"思想。

在与弟子神会的对答中，惠昕带头把法海本神会所说的"若不痛，即同无情木石；若痛，即同凡〔夫〕，即起于恨"改为慧能所说的话，且将法海本"神会作礼"改为"神会礼百余拜"（契嵩本和宗宝本为"神会再礼百余拜"），这不合常理。契嵩本和宗宝本在神会成为慧能弟子"不离左右"后还附加了一大段。其中，"吾有一物，无头无尾……神会之佛性"，也体现了"恶趣空"思想。关于神会后来进入京洛"大弘顿教"的内容，与后面"师见诸宗难问……请事为师"难以衔接，后面这部分内容本来是惠昕放在慧能"行化四十年"之后的。有关神会的原籍，四个版本记载不同，法海本是"南阳人"，惠昕本是"当阳县人"，契嵩本和宗宝本都说是"襄阳高氏子"。据郭朋所查，后两本乃据宋《高僧传》卷八《神会传》所改。[①] 关于神会的年龄，法海本没有说明，而其余三本皆是"年十三（岁）"，惠昕本有"岁"，后两本皆无。此后契嵩本和宗宝本还增加了关于志道、行思禅师、怀让禅师、永嘉玄觉禅师、志彻以及武则天、唐中宗诏请慧能入京而慧能拒诏之事等一大段内容，这些都是法海本和惠昕本完全没有的。

（十一）临终付嘱

1. 三科法门与三十六对法

慧能在圆寂之前付嘱门人，并传授了三科法门与三十六对法。以法海本和惠昕本为例，版本对勘如下：

【法海本】大师遂唤门人法海、志诚、法达、智常、智通、志彻、志道、法珍、法如、神会。大师言："汝等十弟子近前。汝等不同余人，吾灭度后，汝各为一方师。吾教汝说法，不失本宗。举三科法门，动三十六对，出没即离两边。说一切法，莫离于性相。若有人问法，出语尽双，皆取法对，来去相因。究竟二法尽除，更无去处。

"三科法门者，荫（阴）、界、入。荫（阴）是五荫（阴），界〔是〕十八界，入是十二入。何名五荫（阴）？色荫（阴）、受荫（阴）、想荫（阴）、行荫（阴）、识荫（阴）是。何名十八界？六尘、六门、六识。何名十二入？外六尘，中六门。何名六尘？色、声、香、味、触、法是。何名六门？眼、耳、鼻、舌、身、意是。法性起六识：眼识、耳识、鼻识、舌识、身识、意识。六门、六尘。自性含万法，名为含藏识。思量即转识，生六识，出六门，〔见〕六尘，三六十八。由自性邪，起十八邪含；自性〔正〕，〔起〕十八正含。恶用即众生，善用即佛。用由何等？由自性。

"对（内）外境无情对有五〔对〕：天与地对、日与月对、暗与

---

① 郭朋：《〈坛经〉对勘》，济南：齐鲁书社，1981年，第123页。

明对、阴与阳对、水与火对。语与言对、法与相对（语言与法相对）有十二对：有为无为对、有色无色对、有相无相对、有漏无漏对、色与空对、动与净（静）对、清与浊对、凡与圣对、僧与俗对、{老与少对}、大与小对、长与短对、高与下对。自性{居}起用对有十九对：邪与正对、{痴与惠（慧）对}、愚与智对、乱与定对、戒与非对、直与曲对、实与虚对、崄与平对、烦恼与菩提对、慈与害对、喜与顺（嗔）对、舍与悭对、进与退对、生与灭对、常与无常对、法身与色身对、化身与报身对、体与用对、性与相对、有情与无亲（情）对。言语（语言）与法相对有十二对，内外境有无（无情对有）五对，三身有三对（自性起用对有十九对），都合成三十六对也。

"此三十六对法，解用通一切经，出入即离两边。如何自性起用三十六对？共人言语，出外于〔相〕离相，入内于空离空。着空则惟长无明，着相〔则〕惟〔长〕邪见。谤法直言，不用文字。既云不用文字，人不合言语，言语即是文字。自性上说空，正语言本性不空。迷自惑，语言除故。暗不自暗，以明故暗；暗不自暗，以明变暗。以暗现明，来去相因。三十六对，亦复如是。"

大师言："十弟子，已（以）后传法，递相教授一卷《坛经》，不失本宗。不禀受《坛经》，非我宗旨。如今得了，递代流行。得遇《坛经》者，如见吾亲授。"十僧得教授已，写为《坛经》，递代流行，得者必当见性。

【惠昕本】尔时，师唤门人法海、志诚、法达、神会、知常、智通、志彻、志道、法珍、法如等，言："汝等十人向前。汝等不同余人，吾灭度后，各为一方师。吾今教汝说法，不失本宗。先须举三科法门，动用三十六对，出没即离两边。说一切法，莫离自性。忽有人问汝法，出语尽双，皆取法对，来去相因。究竟二法尽除，更无去处。

"三科法门者，阴、界、入也。阴是五阴，色、受、想、行、识是也。入是十二入，外六尘：色、声、香、味、触、法，内六门：眼、耳、鼻、舌、身、意是也。界是十八界，六尘、六门、六识是也。自性能含万法，名含藏识。若起思量，即是转识，生六识，出六门，见六尘，三六一十八。由自性起用，自性若邪，起十八邪；自性若正，起十八正。恶用即众生用，善用即佛用。用由何等？由自性有。

"对法。外境无情五对：天与地对、日与月对、明与暗对、阴与阳对、水与火对，此是五对也。法相、语言十二对：语与法对、有与无对、有色与无色对、有相与无相对、有漏与无漏对、色与空对、动与静对、清与浊对、凡与圣对、僧与俗对、老与少对、大与小对，此是十二对也。自性起用十九对：长与短对、邪与正对、痴与慧对、愚与智对、乱与定对、慈与毒对、戒与非对、直与曲对、实与虚对、险与平对、烦恼与菩提对、常与无常对、悲与害对、喜与嗔对、舍与悭对、进与退对、生与灭对、法身与色身对、化身与报身对，此是十九对也。"

师言："此是三十六对法。若解用，即通贯一切经法。出入即离两边，自性动用，共人言语，外于相离相，内于空离空。若全著相，即长邪见；若全执空，即长无明。执空之人有谤经，直言不用文字。既云不用文字，人亦不合语言。只此语言，便是文字之相。又云直道不立文字，即此两字，亦是文字。见人所说，便即谤他言著文字。汝等须知，自迷犹可，又谤佛经；不要谤经，罪障无数。著相于外，而作法求真，或广立道场，说有无之过患。如是之人，累劫不可见性。不劝依法修行，但只听说修行。又莫百物不思，而于道性窒碍。若听说不修，令人反生邪念。但依法修行，无住相法施。汝等若悟，依此说，依此用，依此行，依此作，即不失本宗。若有人问汝义，问有将无对，问无将有对，问凡以圣对，问圣以凡对。二法相因，生中道义。汝一问一对，余问一依此作，即不失理也。设有人问：'何名为暗？'答云：'明是因，暗是缘，明没即暗；以明显暗，以暗现明，来去相因，成中道义。'余问悉皆如此。"

师教十僧："于后传法，以《坛经》递相教授，即不失宗旨。

汝今已得法了，递代流行。后人得遇《坛经》，如亲承吾教。若看《坛经》，必当见性。"

法海本将神会排在慧能十大弟子最后，而其余三本则将神会提到第四位。在阐述三科法门时，惠昕本、契嵩本和宗宝本不同于法海本，惠昕带头将对"界"的解释放在"入"之后，可能考虑到应先阐释"入"，构成"十二入"后才能阐释"（十八）界"。不过，在对"十二入"的释义中，惠昕本等把"六门"归入"内六门"，而法海本是"中六门"，可能认为法海本"中"字写错了，应为"内"。然而，惠昕本等没有解释"六识"，而法海本虽然没有直接把"六识"归入"内六识"之中，但根据前面"中六门"可以推知，只是没有明确表达，有点含混不清，所以惠昕等人也没有弄明白，于是将"六门"归入"内六门"，不知还有"内六识"之说。

惠昕本等除了将法海本"内外境无情对有五对"中"暗与明对"改为"明与暗对"，其后的"法相、语言十二对""自性起用十九对"，不仅顺序有些混乱，而且也有几对不同于法海本。三本都将法海本"十二对"中分出来的"语与法对"（本是法海本"十二对"标题中"语与言对"）、"有与无对"（本是法海本"有为无为对"）等放入其"十二对"中，仍保留法海本多余的"老与少对"，而"长与短对"却放入其"十九对"中，没有"高与下对"。"十九对"中惠昕本等比法海本少了最后三对，保留了法海本多余的"痴与慧对"，增加了与"悲与害对"（法海本是"慈与害对"）意思相近的"慈与毒对"，将其放入"乱与定对"之后，并将本应放在"生与灭对"之后的"常与无常对"放在了"悲与害对"之前，且将法海本"崄与平对"的"崄"改为"险"。三本还漏抄了法海本概括性的语言："语言与法相对有十二对，内外境无情对有五对，自性起用对有十九对，都合成三十六对也。"契嵩本和宗宝本在惠昕本"余问悉皆如此"之后，直接加"汝等于后传法，依此迭（转）相教授，勿失宗旨"，契嵩本为"迭"，宗宝本为"转"。由于缺乏惠昕本明确的过渡性语言"以《坛经》迭相教授"，使人误认为这里的"此"

指上文三十六对的"二道相因"义，郭朋认为这完全有失法海本原意。①

当然，法海本"十二对"多了一对，"老与少对"与"大与小对"意思接近，应去掉一个，可能是慧能顺口说出的。"十九对"也多了一对，应将"痴与惠（慧）对"与"愚与智对"去掉一个，也有可能慧能对上一对"痴与惠（慧）对"顺口作解释，法海等便记下了，而没有认真数一下。又如，法海本在阐释完"六尘""六门""六识"之后，只是顺口总结性地再次提到"六门、六尘"，这是口语的形式，所以两者前后顺序也与其前不一样，不过没有提及"六识"，本应"六尘、六门、六识"，法海本只是照慧能说法如实写。再如，法海本在后面概括时，把本应放在"语言与法相对有十二对"之前的"内外境无情对有五对"也放在了其后，说明这是口语式的思维模式，随意性较强。后面把"自性起用对有十九对"写成了"三身有三对"，可能慧能一时说溜了嘴，而法海本对此也未加修改。法海本"有为无为对、有色无色对、有相无相对、有漏无漏对"，每对中间无"与"，只是顺口，而其余三本则改为"有与无对、有色与无色对、有相与无相对、有漏与无漏对"，每对中间都加了"与"字，这是书面语的形式。这部分内容太多，太繁杂，又是慧能即兴说法，不免受口语随意性的影响，正如周绍良所说，"我们不要把他的说法内涵要求极其圆成，这是不符合实际的。"②

2. 与门人告别

为了抬高神会，惠昕本、契嵩本、宗宝本不仅将其提到十大弟子第四位，还将法海本"神会小僧"改为"神会小师"。惠昕本等在慧能预言灭度二十多年后神会定南宗宗旨之前加了一些内容，惠昕本将大梵寺说法命名为《法宝坛经记》，契嵩本和宗宝本皆改为《法宝坛经》，这为后来惠昕、契嵩、宗宝分别把《坛经》命名为《六祖坛经》（惠昕本）、《六祖大师法宝坛经曹溪原本》（契嵩本）和《六祖大师法宝坛经》（宗宝本）作了铺垫。

---

① 郭朋：《〈坛经〉对勘》，济南：齐鲁书社，1981年，第144页。
② 周绍良：《敦煌写本〈坛经〉原本》，北京：文物出版社，1997年，第1页。

惠昕本还将法海本"二十余年"改为"二十年间","惑我宗旨"改为"惑我正宗"。"宗旨"和"正宗"不同，可以看出惠昕在为神会以后定南方顿教为正宗作准备，且在其后直接表明"即是吾法弘于河洛，此教大行。若非此人，衣不合传"，不仅大肆吹捧神会，还说衣法只传神会，暗示神会为禅宗七祖。惠昕本将神会提到十大弟子第四位且称神会为"小师"，其目的也在于此。然而，这与其后"据此偈颂之意，衣不合传"又自相矛盾，达摩祖师偈文所揭示的"衣不合传"指只传到慧能。倒是契嵩本和宗宝本在这里没有吹捧神会，仍照达摩传衣付法颂"衣不合传"之意，而且将慧能预言神会定南方宗旨之事也删掉了，将此二十年后的"悬记"改为七十年的"悬记"而放在"祖统说"之前。不过，两本皆增加了其他内容，如单独解释"一相三昧"和"一行三昧"，不知两者是同一概念、不同的称谓而已。

3.《先代五祖传衣付法颂》

惠昕本等将法海本《先代五祖传衣付法颂》中五祖五偈删掉了四偈，只剩下达摩祖师一偈以及后面六祖慧能自己的一偈，且略有改动，如法海本"吾本来唐国"中的"唐国"，惠昕本改为"东土"，契嵩本和宗宝本皆改为"兹土"。三本都没有领悟法海本八首偈颂之间的关联而擅自将其中六首删掉了。下面具体来分析"一花开五叶"及慧能另作的两偈。

慧能给弟子传诵《先代五祖传衣付法颂》，告诉弟子根据第一祖达摩之意，到慧能时即不传衣法。胡适认为，敦煌本《坛经》的《先代五祖传衣付法颂》共八颂（自达摩至慧能六人各有一颂，后续作两颂），都是很恶劣的偈颂，而惠昕本等只存达摩一颂和慧能一颂，共删去了六颂，虽然这些地方都是改变古本面目，但在文字技术上却是一种进步。[①]倘若如此，禅宗就不该有"一花开五叶"之说。只要仔细分析偈文便会发现，六首偈颂之间有着内在的必然关联，成佛之"道"为无形的线

① 胡适：《〈坛经〉考之二》，广东新兴国恩寺编《〈六祖坛经〉研究》（一），北京：中国大百科全书出版社，2003年，第20~21页。

索，将六偈颂紧密地串联起来，展现了由佛菩萨播种到众生因缘成熟而成佛的必经之路。

第一祖达摩和尚颂曰：

吾大（本）来唐国，传教救迷情；

一花开五叶，结果自然成。

第二祖惠（慧）可和尚颂曰：

本来缘有地，从地种花生；

当来元无地，花从何处生？

第三祖僧璨和尚颂曰：

花种虽因地，地上种花生；

花种无生性，于地亦无生。

第四祖道信和尚颂曰：

花种有生性，因地种花生；

先缘不和合，一切尽无生。

第五祖弘忍和尚颂曰：

有情来下种，无情花即生；

无情又无种，心地亦无生。

第六祖惠（慧）能和尚颂曰：

心地含情种，法雨即花生；

自悟花情种，菩提果自成。

从达摩偈的意思来看，衣法也只传到六祖。"唐国"指帝唐尧之国，是最早的"中国"，这里指称中国；"迷情"指迷惑颠倒的有情众生。"一花开五叶"是借喻的修辞手法，这里的"花"喻指达摩禅法，"五叶"喻指此后的五位祖师禅法。达摩来中国是为了救度群迷，禅法传至六祖慧能时便瓜熟蒂落，形成了独具中国特色的禅宗。慧能所传的顿悟法已是终极之法，无须再传他法。后面偈颂中所用的也是借喻，包括语篇隐喻，须将"地""花""种"等单个字词的隐喻义串联起来，才能体悟出语篇隐喻的言外之意。

　　慧可偈是对达摩偈的阐发，其语篇隐喻是：本来有一块有缘之地（唐国），可以在此土地上播下佛种，开花结果；如果原本无地，与佛无缘，佛性之花从何而生？"地"隐喻"唐国"，"种"隐喻"播下佛种"，"花"隐喻"佛性之花"。"从地种花生"解义为"从地种花花即生"。

　　僧璨接着慧可说，花种虽然要根据土地的情况而播下，才能开花结果，但是如果花本身没有生长的性能，再好的土地也没用。僧璨偈的语篇隐喻即是：虽然唐国（中国）与佛有缘，可以在此播下佛种，但如果花本身没有成佛的性能，种在地上也不会开花结果。也就是说，众生得度是因为本身具备佛性，如果没有佛性种子，种在地上也不会生长。第一个"花种"隐喻"（播下）佛种"，第二个则隐喻"众生"，"生性"隐喻"成佛的性能"。

　　道信偈在僧璨偈的基础上进一步阐扬，其语篇隐喻是：众生皆具佛性，故能开花结果，但如果因缘不成熟，众生也不能得度。也就是说，成佛还要看因缘，等因缘成熟了，自然能成就佛果。

　　弘忍偈揭示了成佛因缘成熟的条件，其语篇隐喻是：有情菩萨（如达摩）来唐国为无情众生播下成佛的种子，使之与佛结缘，无情众生因缘成熟了就能开花结果；如若既是无情又没有成佛的种子，与佛无缘，心田上不会长出花果来。这里的"有情"指对众生有情的佛菩萨，"无情"相对于佛菩萨来说是私心较重的众生，不是一般意义上所说的无情众生。

　　慧能偈展现了因缘成熟后的成佛之路，其语篇隐喻是：心田上有佛种，遇到法雨即可开花结果；自悟本性，即可结菩提果，见性成佛。"情种"隐喻"佛种"或"佛性"（本性），"法雨"隐喻"顿教法"。慧能接着又说：

　　　　汝等听吾作二颂，取达摩和尚颂意，汝迷人依此颂修行，必当见性。第一颂：
　　　　心地邪花放，五叶逐根随；
　　　　共造无明叶（业），见被叶（业）风吹。

第二颂：

心地正花放，五叶逐根随；

共修般若惠（慧），当来佛菩提。

慧能根据达摩偈另作两首，要求众人依此修行，即可见性成佛。第一首偈颂是对凡夫境界的描写，其语篇隐喻是：心地邪迷，尽绽邪花，五根追逐外境，随外境而动；共同造作无明恶业，见识随业风而起。慧能把达摩祖师对其后五位祖师禅法的尊称"五叶"变成了贬义词"五根"（又名"五色根"），"逐根"中的"根"隐喻为"相"。五根追逐外境，执着外相，致使自身根性（自性）变质、变味，邪花绽放；五根共造无明业，邪知邪见（意根——六根最后一根）随之而生，人也随业风飘荡，流转生死而不得解脱。

第二首偈颂是第一首偈颂的对治法，揭示了凡夫境界向佛之境界的转变。心地正直，正花绽放，五根追随佛根，随佛根而动；五根共修般若智，当生成就无上菩提。虽然两首偈颂都有"五叶逐根随"，但因对境不一，意义也完全不同。这里的"五叶"同样隐喻"五根"，但由于转向，转成了对佛根的追随，变成了"五无漏根"，因而绽放的是正花，转识成智，便可成就佛果。这里的"根"隐喻"佛根"（佛性或自性）。

这两首偈颂显示了凡夫与佛菩萨的区别，展现了"前念迷即凡，后念悟即佛"转迷为悟的过程。迷悟只在一念之间，只要转烦恼为菩提，一转念，烦恼即菩提。第一首偈颂是凡夫境界的写照，凡夫因心地邪迷不正，五根追逐外相而产生邪知邪见，受困于外相而不得解脱，随业风而转，从而沉沦苦海，无有出期。第二首偈颂是佛菩萨境界的呈现，凡夫只要念头一转，即可由邪转正，心地正花怒放，五根由向外追逐五欲六尘而转向心性的回归，自可见性成佛，成就菩提之果。

4. 顿教法传授

有关法海问及顿教法已传授几代这部分内容，法海本和惠昕本差别不大，惠昕本只列举了人名（除了"初六佛，释迦第七"以及最后从"菩提达磨"至"道信"言及四位祖师朝代以外），更为简略，个别地方名字略有差异。例如，将法海本"优婆掬多"改为"优婆毱多"，"佛陁难提"改为"佛陀难提"，"佛陁蜜多"改为"佛陀蜜多"，"毗罗长者"改为"毘罗尊者"，"迦那提婆"改为"迦那提多"，"罗睺罗"改为"罗睺罗多"，"僧伽那舍"改为"僧伽耶舍"，"阇耶多"改为"阇夜多"，"婆修盘多"改为"婆修槃头"，"舍那婆斯"改为"婆舍斯多"，"优婆堀"改为"优婆掘多"，"须婆蜜多"改为"婆须蜜多"，将"僧迦罗"改为"僧迦罗叉"并放在"婆须蜜多"之后。其他名字也略有改动，如将"释迦牟尼佛"改为"释迦"，"大迦叶"改为"迦叶"，"马鸣"改为"马鸣大士"，"龙树"改为"龙树大士"等。契嵩本和宗宝本不仅依《景德传灯录》添加了不少内容，如"吾灭后五、六年，当有一人来取吾首……"和"吾去七十年，有二菩萨从东方来，一出家，一在家……"等，禅宗祖师的名单也与法海本和惠昕本不尽相同。两本的排名都位于人名前（除慧能外），而人名后皆加"尊者"（马鸣和龙树为"大士"）或"大师"（自慧可始，除慧能外）。在列出过去六佛的名单后，接着以第七佛释迦文佛首传迦叶、以摩诃迦叶为第一，至慧能三十三祖止，无法海本"末因地""优婆堀""僧伽罗"，增加了"弥遮迦"（宗宝本为"须遮迦"）、"不如蜜多"（可能是"波罗蜜多"）和"般若多罗"。照惠昕本将"优婆掬多"改为"优婆毱多"（宗宝本为"优波毱多"），"须婆蜜多"改为"婆须蜜多"（前置到第七位），"马鸣"改为"马鸣大士"，"龙树"改为"龙树大士"，"罗睺罗"改为"罗睺罗多"，"舍那婆斯"改为"婆舍斯多"。其他名字也略有改动之处，如将法海本"佛陁难提"改为"佛驮难提"，"佛陁蜜多"改为"佛驮蜜多"（契嵩本）或"伏驮蜜多"（宗宝本），"胁比丘"改为"胁尊者"，"富那奢"改为"富那夜奢"，"毗罗长者"改为"迦毘摩罗"，"僧伽那提"改为"僧伽难提"，"僧伽那舍"改为"伽耶舍多"，"鸠摩罗驮"改为"鸠摩罗多"，"婆修盘多"改为"婆修盘头"，"师子比丘"改为"师子尊者"等。两本还将法海本和惠昕本"莫失宗旨"换成了"勿令乖悮（误）"，契嵩本为"悮"，宗宝本为"误"。

5.《见真佛解脱颂》

惠昕本等都没有提到《见真佛解脱颂》的名称，只是将法海本"觅佛万劫，不得见也"改为"万却（劫）觅佛难逢"，并添入了句意模糊的"只为众生迷佛，非是佛迷众生"两句。惠昕本漏抄了"自佛是真佛"，而契嵩本和宗宝本却有。法海本中慧能阐释《见真佛解脱颂》时说，只要能灭除"愚痴""心崄"等心中众生，保持一颗智慧心、平等心，就会转迷为悟，众生也就见性成佛了。而后面三本没有提及转"愚痴"为"智慧"，却增添了"外无一物而能建立，皆是本心生万种法。故经云：'心生，种种法生；心灭，种种法灭。'"这部分内容强调的是"万法唯心造"，与《见真佛解脱颂》颂意倒是相合。不过，"心生，种种法生；心灭，种种法灭"中的"心"是"虚妄心"，并非"本心"即"真心"，因为"本心"无生灭，而三本"皆是本心生万种法"明确说是"本心"，与之不同，故上下两句之间无有关联。而且，"种种法"中的"法"显然指"有为法"，而"外无一物而能建立"中"一物"（惠昕本为"一切物"）和"皆是本心生万种法"中"万种法"则包括"无为法"，并非虚妄心所能生，而"本心生"中的"生"也只能理解为"显现"或"含藏"，才符合佛教义理。所以，三本所增加的内容并没有完全通达佛理，而且"外无一物而能建立，皆是本心生万种法"也是一种否定缘起之物的断灭见。

6.《自性见真佛解脱颂》

惠昕本等将《自性见真佛解脱颂》更改为《自性真佛偈》。惠昕等出于修改慧能口语式"繁文"的目的，将法海本"邪见之人魔在舍，正见之人佛即过"改为"邪迷之时魔在舍，正见之时佛在堂"，将"化身、报身及净（法）身"改为常见的"法身、报身及化身"，还在"无住"后面加上法海本漏掉的"无往"，构成对法"无住无往"，等等。这些改动比较合理，也更为清楚。然而，由于没有深刻领悟，出现了理解上的差错，如惠昕本将法海本"除媱即无净性身"改为"除淫即无净性身"，契嵩本、宗宝本则改为"除淫即是净法（性）身"（契嵩本作"法"，宗宝本作"性"），三本都没有理解"嬥"的含义。"淫"和"嬥"意思刚好相反，"嬥"由"美好"引申为这里的"清净"，而郭朋所用的惠昕本等误认为法海本将"淫"写成了"嬥"，这是再刊者所误造成的。又如法海本"顿教法者是西流"，慧能的意思是说顿教法是从西方传过来的，而其余三本则改为"顿教法门今已留"。契嵩本和宗宝本照抄惠昕本，个别地方略为改动，还添加了不少内容，如偈子"兀兀不修善，腾腾不造恶，寂寂断见闻，荡荡心无著"，这与慧能思想既不相干，又自相矛盾（"不修善"与"不造恶"、"断见闻"与"心无著"刚好相反）。契嵩本和宗宝本说慧能端坐至三更时，忽然对门人说："吾行矣!"便奄然迁化。慧能此时说此话，并不合情理。

（十二）慧能入寂

慧能入寂后，法海本只是说"韶州刺史韦据立碑"，而惠昕本改为"韶州奏闻，奉敕立碑供养"，契嵩本、宗宝本则为"韶州奏闻，奉敕立碑，纪师道行"。惠昕本其前提及"功德塔记具述及具王维碑铭"，其后又加"诏追谥曰'大鉴禅师'，事具刘禹锡碑"。契嵩本和宗宝本则无这部分内容，却增入了其他内容，如将法海本和惠昕本前面"奄然迁化"时所注明的慧能的寿数，放在了慧能入寂后神异现象和"韶州奏闻，奉敕立碑，纪师道行"之后，并对慧能说法年限和嗣法人数作了说明，还提到了中宗赐磨衲、宝钵及方辩塑师真相、道具等。

法海本和惠昕本讲到了《坛经》初期的传承，但有所不同，如法海本是法海→道际→悟真，而惠昕本则是法海→志道→彼岸→悟真→圆会，契嵩本和宗宝本皆无此传承体系。慧能十大弟子中就有志道，既然志道是"十方师"之一，年龄不会比法海小很多，法海圆寂后一般不会再传与之年龄相仿者，而应传更年轻者如道际。再者，这个传承体系不会是慧能定的，法海集记后由其保存，圆寂后再传于后人。而且，当时只传到悟真（敦煌本），悟真还在，并没有提到后面传于圆会之事。法海本明确说："若论宗旨，传授《坛经》，以此为依约。若不得《坛经》，即无禀受。须知〔受〕法处、年月日、姓名，遍（递）相付嘱。"由此可知，法海本传承即传即写，并没有像惠昕本那样似乎是慧能定下来的。到悟真时受法人的姓名为"悟真"，年月日为"现今"即当时，时间不够清楚，受法处为"岭南漕溪山法兴寺"。如果惠昕本的传承体系是正确的，那么说明这个传承体系要么是慧能定的，要么是圆会或其弟子写的，这都与事实不符，因为惠昕本是依照敦煌本修改的，而敦煌本当时只传到悟真。杨曾文认为，在传承的每一个环节即从志道到圆会，都有修补的可能。① 胡适也认为惠昕本《坛经》的传授体系是惠昕妄改的。②

惠昕本、契嵩本、宗宝本诸如此类增删的内容在文本中还有不少，这里就不一一举例了，仅此足以说明问题。由此可知，惠昕本等并没有见性，从其文本中所增减的内容就可无意识地彰显出来。法海本也有个别出错的地方，如"十二对"和"十九对"分别多出了一对，但这些都不是实质性的问题，这与慧能即席说法有关。神秀修行已经达到了很高的境界，但都没有见性，更何况这些打妄语的僧人！宗宝在其改编的《坛经》"跋"中说"复增入弟子请益机缘，庶几学者得尽曹溪之旨"，祖本《坛经》就有弟子请益机缘，契嵩本所增入的弟子请益机缘与宗宝本一样，宗宝之说显然是一种妄语。按照清代王起隆对宗宝改编《坛经》的看法，宗宝等僧人犯了"四谤罪"，即增益谤、减损谤、戏论谤、相违谤，因为《坛经》是六祖心髓，一字不容增减，也不容窜易和颠倒。③"戒妄语"是佛教四大根本戒之一，就连俗人都知道，为何僧人不知，反而"付诸实践"呢？

三、惠昕本、契嵩本、宗宝本所用《坛经》版本

惠昕修改《坛经》依据的写本为敦煌原本，而契嵩修改所依为惠昕

---

① 杨曾文：《〈六祖坛经〉诸本的演变和慧能的禅法思想》，广东新兴国恩寺编《〈六祖坛经〉研究》（二），北京：中国大百科全书出版社，2003 年，第 226 页。
② 胡适：《〈坛经〉考之二》，广东新兴国恩寺编《〈六祖坛经〉研究》（一），北京：中国大百科全书出版社，2003 年，第 23 页。
③ 参见李申：《〈坛经〉版本刍议》，广东新兴国恩寺编《〈六祖坛经〉研究》（四），北京：中国大百科全书出版社，2003 年，第 71～72 页。

原本或其后的异抄本。至宗宝时在中国还存有惠昕本（可能是晁子健再刊本），过后便散失了，幸好惠昕本之前传到了日本，在日本便有了多种抄本而保留至今。宗宝改写《坛经》以契嵩本和德异本为主，偶尔参看惠昕本。契嵩和宗宝都没有见过敦煌原本，通过版本分析便知，两种改本无一处参照敦煌本。

（一）惠昕本所用版本

敦煌原本从岭南带到敦煌，有异抄本之后便散佚了。惠昕不大可能见到异抄本，其修改所依为敦煌原本，从对其文本的分析便可知晓。惠昕是第一位修改敦煌原本之人，不过也借鉴了《曹溪大师别传》（如"猎人中五载"）和《历代法宝记》（如"风幡之动"）。

惠昕改写《坛经》依据的版本是祖本还是敦煌本？这首先要分析祖本与敦煌本的区别。有学者认为，在敦煌本之前《坛经》就曾被人改换过。《景德传灯录》卷二十八载《南阳慧忠国师语》中有这样一段话："吾比游方，多见此色，近尤盛矣。聚却三五百众，目视云汉，云是南方宗旨。把他《坛经》改换，添糅鄙谭，削除圣意，惑乱后徒，岂成言教？苦哉！吾宗丧矣！"[1] 宋大慧宗杲禅师所作《正法眼藏》卷第二也有相关的记载。慧忠是慧能的弟子，逝世于唐代宗大历十年（775），活动的年代离慧能去世只有四五十年。有人由此认为，在慧忠生前至少已经有了两个《坛经》本子在流传：一个是慧忠早年见过的《坛经》原本，另一个就是在《坛经》原本基础上添糅而成的"南方宗旨"本。[2] 不过，李富华认为，慧忠指责的并不是《坛经》经文本身被改换，而是那些自称是宣讲"南方宗旨"的人歪曲了《坛经》的宗旨。[3] 李申认为，《景德传灯录》为宋真宗年间释道原所撰的禅宗灯史，距慧能、慧忠已有两三百年，所记是否属实难以考察，早于《景德传灯录》约二十年的《宋高

---

[1] 《大正藏》第51册，第437页下。
[2] 参见洪修平：《关于〈坛经〉的若干问题研究》，《世界宗教研究》1999年第2期。
[3] 李富华：《〈坛经〉的书名、版本与内容》，广东新兴国恩寺编《〈六祖坛经〉研究》（二），北京：中国大百科全书出版社，2003年，第263页。

僧传·唐均州武当山慧忠传》以及晚于《景德传灯录》约二百五十年的《五灯会元·南阳慧忠国师》都没有这段话的记载,而明确自认删削了《坛经》的是惠昕。① 周绍良认为,惠昕是"第一个《坛经》的整理人"②。由此可知,在这之前没有人改换过《坛经》经文,惠昕改写《坛经》所依据的版本应是已有附益部分的敦煌本,因为惠昕本传承体系中有"悟真"一名,这与敦煌本传承体系中的悟真应是同一个人。胡适在分析了敦煌本与惠昕本跋尾的异同后指出,惠昕修改传世系统,其所依据的原本跋尾的传经人也是法海、道际和悟真三人,"悟真"一名还保存了他当时增改的痕迹。③ 敦煌本和惠昕本的传承体系都有"悟真"之名,而祖本是没有传承体系的,这说明惠昕修改所依应是敦煌本而不是祖本,尽管敦煌本除去附益部分便是祖本。

惠昕所据之敦煌本是敦煌原本还是抄本?除了最初所提到的依据,还应判断惠昕与悟真是否为同时代之人,因为如果真如胡适所认为的惠昕本成书于967年的话,惠昕改写《坛经》所据的本子就有可能不是敦煌原本,而是异抄本。胡适根据惠昕序所记"太岁丁卯,月在蕤宾,二十三日辛亥",断定惠昕本成书于宋太祖乾德五年(967)。④ 胡适的观点为学界所认同,认为惠昕本为宋本,惠昕为宋代僧人。然而,胡适在引用晁公武所著《郡斋读书志》衢州本卷十六"(《六祖坛经》三卷,王先谦校:三,袁州本作二)右唐僧惠昕撰,记僧卢慧能学佛本末……"时,竟然漠视文中所提到的"唐僧惠昕"。⑤ 胡适最初说契嵩所用"文字鄙俚繁杂"的本子是"古本《坛经》,与敦煌本相同"⑥,后来惠昕本在

---

① 李申:《〈坛经〉版本刍议》,广东新兴国恩寺编《〈六祖坛经〉研究》(四),北京:中国大百科全书出版社,2003年,第69页。

② 周绍良:《敦煌写本〈坛经〉之考定》,广东新兴国恩寺编《〈六祖坛经〉研究》(四),北京:中国大百科全书出版社,2003年,第22页。

③ 胡适:《〈坛经〉考之二》,广东新兴国恩寺编《〈六祖坛经〉研究》(一),北京:中国大百科全书出版社,2003年,第23页。

④ 胡适:《〈坛经〉考之二》,广东新兴国恩寺编《〈六祖坛经〉研究》(一),北京:中国大百科全书出版社,2003年,第12页。

⑤ 参见胡适:《〈坛经〉考之二》,广东新兴国恩寺编《〈六祖坛经〉研究》(一),北京:中国大百科全书出版社,2003年,第13页。

⑥ 胡适:《荷泽大师神会传》,广东新兴国恩寺编《〈六祖坛经〉研究》(一),北京:中国大百科全书出版社,2003年,第28页。

日本被发现，胡适又说契嵩"所用的'俗本'也许就是惠昕的二卷十一门本"①。而且，在"《坛经》的演变史"一图里，竟然没有"人间第二最古的"惠昕本，郭朋认为"这不能不说是一种严重疏漏"②。因此也有学者持不同的观点，认为惠昕是唐人而非宋人，惠昕本是唐本而非宋本，如郭朋认为惠昕是唐人，故"惠昕本在晚唐"③。吴孝斌也认为惠昕是唐人，惠昕本是唐本，在《惠昕本〈六祖坛经〉略考》一文中他提出了四个依据。④ 其一，铃木大拙发现兴圣寺本《坛经》的编者是"邕州罗秀山惠进禅院沙门惠昕"，表明此《坛经》出自邕州（今广西南宁，属岭南道辖地）罗秀山的惠昕禅师。其二，成书于南宋中期的国家地理总志《舆地纪胜》卷一百六十《邕州·仙释》载："正恩大师。罗秀山在宣化县北，天宝三载正恩大师惠昕于此开山。"此记载表明惠昕于唐天宝三载（744）开始在邕州罗秀山驻锡建寺修行。其三，南宋著名目录学家、藏书家晁公武所著的《郡斋读书志》载："《六祖坛经》三卷，右唐僧惠昕撰，记僧卢慧能学佛本末。慧能号六祖。凡十六门，周希古有序。"此也表明惠昕是唐代僧人。其四，宋代著名的金石学家赵明诚、李清照夫妇所撰写的《金石录》中也有唐代惠昕禅师之记，其卷六有载："第一千六百五十五，唐惠昕大师碑，齐推撰。正书，姓名残缺。贞元十七年十一月。"吴孝斌由此得出结论，认为惠昕于唐天宝三载（744）到达邕州罗秀山驻锡修行，其后在罗秀山建成惠进禅院，在此期间接触到《坛经》各种手抄本，并对"文繁"的古本进行整理编辑，最终完成于唐贞元三年（787）五月二十三日辛亥时，即"太岁丁卯，月在蕤宾，二十三日辛亥"。从上面的分析可知，惠昕是唐人，与悟真同一时代，悟真传法所用的《坛经》正是敦煌原本，惠昕修改《坛经》所依据的很有可能是敦煌原本而不是异抄本。

---

① 胡适：《〈坛经〉考之二》，广东新兴国恩寺编《〈六祖坛经〉研究》（一），北京：中国大百科全书出版社，2003 年，第 14 页。
② 郭朋：《慧能的思想与〈坛经〉的演变》，广东新兴国恩寺编《〈六祖坛经〉研究》（二），北京：中国大百科全书出版社，2003 年，第 192 页。
③ 郭朋：《坛经校释·序言》，北京：中华书局，1983 年，第 14 页。
④ 转自广西民族报网，又见 http://blog.sina.com.cn/s/blog。

惠昕原本已散佚，有多种抄本传世。现存的日本大乘寺本与日本兴圣寺本相比，哪一个更古？哪一本更接近惠昕原本？日本大乘寺本（包括真福寺本、金山天宁寺本）①来自周希古刊本②，缺少慧能在大庾岭对惠明说"不思善，不思恶"、在法性寺说"风幡之动"以及慧能圆寂后"及具王维碑铭"和"诏追谥曰'大鉴禅师'，事具刘禹锡碑"等内容③，却保留了慧能在四会县猎人中避难五年之说。三本皆无上面所提到的三方面内容，说明周希古刊本可能也没有，因而大乘寺本更接近惠昕原本，因为惠昕原本有可能依照敦煌本而没有增加该内容，而源自晁迥抄本的兴圣寺本则增加了，似乎是晁迥抄本或至少是其后的晁子健再刊本④对惠昕原本作了修改，所以大乘寺本比兴圣寺本更古。下面再以对慧能圆寂之后神异现象的描述为例，敦煌本、兴圣寺本和大乘寺本对勘如下：

【敦煌本】大师灭度之日，寺内异香氛氲，经数日不散；山崩地动，林木变白，日月无光，风云失色。

【兴圣寺本】师迁化日，寺内异香氛氲，经于七日；感地动林变，白日无光，风云失色，群鹿鸣叫，至夜不绝。

【大乘寺本】师迁化日，寺内异香氛氲，经于七日；感得山崩地动，林木变白，日月无光，天地失色，群鹿鸣悲，至夜不绝。

---

① 大乘寺本抄写于13世纪，真福寺本抄写于14世纪（参见杨曾文：《敦煌新本〈六祖坛经〉》，北京：宗教文化出版社，2001年，第205页）。笔者认为，大乘寺本的抄写时间可能会更晚，大概在14世纪初，晚于兴圣寺本，不过要早于真福寺本。按金山天宁寺本前面天宁寺本住现白英惠玉的题记"延享四丁卯七月上瀚再修表帙，而备足阙文蚀字"，其再次刊印时间为日本延享四年即1747年，但题记没有说明抄写时间，可能也在14世纪，不过要晚于真福寺本。

② 真福寺本的原本为周希古刊本，前面有惠昕之序，后面有周希古于北宋大中祥符五年（1012）所作的后序；大乘寺本和金山天宁寺本的原本为存中再刊本（存中本的原本也是周希古刊本），两者前面皆无惠昕之序，却有存中为再刊所作的《韶州曹溪山六祖师坛经序》。据日本学者宇井伯寿《〈坛经〉考》所述，存中是在宋政和六年（1116）再刊时之人，其传虽不明，然其慨叹当时的禅风，欲以《坛经》为龟鉴而再刊《坛经》，这初刊的《坛经》有学者认为是惠昕所著，杨曾文选译：《〈坛经〉考》，广东新兴国恩寺编《〈六祖坛经〉研究》（四），北京：中国大百科全书出版社，2003年，第274～275页］，亦即杨曾文《〈坛经〉演变示意图》中所示的周希古刊本（参见杨曾文：《敦煌新本〈六祖坛经〉》，北京：宗教文化出版社，2001年，第314页；或见附录五）。

③ 参见洪修平：《关于〈坛经〉的若干问题研究》，《世界宗教研究》1999年第2期。

④ 晁迥是晁子健的七世祖，谥号"文元"，北宋大文豪。据晁迥为惠昕本读后所写的题记，他曾十六次看过惠昕本。晁子健于南宋绍兴二十三年（1153）再刊晁迥惠昕句读本（晁迥抄本），称之为晁子健再刊本。[参见胡适：《〈坛经〉考之二》，广东新兴国恩寺编《〈六祖坛经〉研究》（一），北京：中国大百科全书出版社，2003年，第11～14页]。

敦煌本和大乘寺本皆有"山崩地动，林木变白，日月无光"，而兴圣寺本只有"风云失色"与敦煌本同（除了三本皆同的"寺内异香氛氲"），其他地方明显有改动之处，如将大乘寺本"感得山崩地动，林木变白"改为"感地动林变"、"日月无光"改为"白日无光"。不过，真福寺本与兴圣寺本"群鹿鸣叫"相同，只是将大乘寺本"林木变白"改为"草木变白"；天宁寺本与大乘寺本一样，只是在"香"后加了"气"字。惠昕原本也许是"师迁化日，寺内异香氛氲，经于七日；感得山崩地动，林木变白，日月无光，风云失色，群鹿鸣叫，至夜不绝。"这说明周希古刊本（当然也包括晁迥抄本）还保留有惠昕原本的内容，只是大乘寺本略作修改，如将"风云失色"改为"天地失色"、"群鹿鸣叫"改为"群鹿鸣悲"，不过对惠昕原本的改动要比兴圣寺本小。另外，契嵩本（包括德异本和曹溪原本[①]）也有"林木变白"一句，这也说明契嵩本依据的是惠昕原本，或其后有此句的异抄本或晁迥抄本，而兴圣寺本的原本——晁子健再刊本确实作了修改。然而，大乘寺本有些地方明显有改动过的痕迹，而且文字改写得很工整，与兴圣寺本不尽相同，然却有漏抄或错抄之处。例如，大乘寺本（包括真福寺本和天宁寺本）漏掉了"能离于相，即法体清净"中的"于相"，兴圣寺本和契嵩本等都有；兴圣寺本和契嵩本的"无劫害，名戒香"，大乘寺本（包括天宁寺本）则是"无刻害，名曰戒香"，把"劫"写成了"刻"（真福寺本为"劾"）。下面再以"三科法门"为例，对敦煌本、兴圣寺本和大乘寺本进行比对：

【敦煌本】三科法门者，荫（阴）、界、入。荫（阴）是五荫（阴），界〔是〕十八界，入是十二入。何名五荫（阴）？色荫（阴）、受荫（阴）、想荫（阴）、行荫（阴）、识荫（阴）是。何名十八界？六尘、六门、六识。何名十二入？外六尘，中六门。何名六尘？色、声、香、味、触、法是。何名六门？眼、耳、鼻、舌、身、意是。

---

① 参见〔日〕柳田圣山：《〈六祖坛经〉诸本集成》，京都：中文出版社，1976年。

　　【兴圣寺本】三科法门者，阴、界、入也。阴是五阴，色、受、想、行、识是也。入是十二入，外六尘：色、声、香、味、触、法，内六门：眼、耳、鼻、舌、身、意是也。界是十八界，六尘、六门、六识是也。

　　【大乘寺本】三科者，阴、界、入。五阴者，色、受、想、行、识。十二入者，外六尘，内六门。六尘者，色、声、香、味、触、法。六门者，眼、耳、鼻、舌、身、意，各有一识。十八界者，六门、六尘、六识，为之十八。

　　兴圣寺本与敦煌本用词和语气相近，如大乘寺本的"三科者"，敦煌本、兴圣寺本皆为"三科法门者"。敦煌本"荫（阴）是五荫（阴）""界〔是〕十八界""入是十二入"，兴圣寺本用词与之相同，只是后两者作了对调，三者都分别放在阐释内容之前，取代敦煌本重复的"何名五荫（阴）"等，不过阐释部分更接近书面语，更简单明了。大乘寺本与兴圣寺本顺序一致，但用词不一，为"五阴者""十二入者""十八界者"，完全是书面语形式。阐释完"五阴""六尘""六门"之后，敦煌本有"是"，兴圣寺本对应的是"是也"（除"六尘"外），最后一句依敦煌本语气在其后也加了"是也"，而大乘寺本则无，更简洁工整，只是将"十八界"中"六门"提到了"六尘"前，也可能是粗心所致。有关这部分内容，真福寺本、天宁寺本与大乘寺本完全相同，只是天宁寺本漏掉了"六尘者"。对于后面三十六对法的表述，兴圣寺本与法海本大体一致，而大乘寺本（包括真福寺本和天宁寺本）却不尽相同，更为简略，如法海本"天与地对、日与月对、暗与明对、阴与阳对、水与火对"，兴圣寺本为"天与地对、日与月对、明与暗对、阴与阳对、水与火对"，大乘寺本则是"天地对、阴阳对、日月对、明暗对、水火对"。这说明兴圣寺本更接近惠昕原本，因为惠昕原本用词和语气与敦煌本更相似，尚未完全摆脱口语体形式。

　　这是否说明周希古刊本对惠昕原本作了较大的改动呢？大乘寺本对惠昕本作了大量的修改，这是不可否认的。不过，周希古刊本（包括其后的存中再刊本）可能与晁迥抄本差不多，如上面提到的"三科法门"
这部分内容，几种抄本的用词和语气应该与惠昕原本相近，只是其后的
大乘寺本作了改动。又如，"三科法门"中"六门"之后大乘寺本有
"各有一识"，这说明周希古刊本依惠昕原本而保留了法海本对"六识"
的释义——"法性起六识：眼识、耳识、鼻识、舌识、身识、意识"，
只是大乘寺本将之简化为"各有一识"。① 再如，大乘寺本将"慧能"改
为"某甲"，真福寺本和天宁寺本也参照了大乘寺本，但这种改动既不
顺口，也不礼貌，周希古刊本或存中本不会这么做。而且，前面三本皆
无的"风幡之动"等内容②，周希古刊本或存中本可能有，惠昕原本应
该也有，因为依惠昕原本或其后的异抄本而改编的契嵩本也有（除了慧
能圆寂后诏追之事等），只是大乘寺本认为不合理或无须多写而将之删
掉了，其余两本也随之删除。

　　大乘寺本不仅对其来源本作了改动，同时也参看了兴圣寺本。例
如，法海本"皆取法对，来去相因"，惠昕本③与之相同（惠昕原本可能
也如此），而大乘寺本与兴圣寺本一致，为"皆取对法，来去相因"，
"法对"与"对法"不同，也许兴圣寺本作了改动，大乘寺本也依之而
改。法海本"愿自三宝慈悲证明"，惠昕本为"以自三宝，常自证明"，
惠昕原本或许也如此，而兴圣寺本则将"自"改为"自性"，为"以自
性三宝，常自证明"，大乘寺本与之相同。大乘寺本虽然有些地方依惠
昕原本而保留了法海本的部分内容，不同于兴圣寺本，然则是综合了两
者而成。例如，"祖统说"中法海本"优婆掬多"，惠昕本是"优婆毱
多"，兴圣寺本（包括德异本）是"优波毱多"，大乘寺本则是"优波掬
多"，可能惠昕原本与法海本一样，也是"优婆掬多"，只是大乘寺本依
兴圣寺本（也有可能依德异本）将惠昕本"婆"改为"波"。

---

① 对于这部分内容，晁迥抄本可能没有，因为惠昕本（兴圣寺本）和契嵩本都没有。
② 包括惠昕本（兴圣寺本）对法海本"何名忏悔……名为忏悔"一段的阐释，对法海本"此但是顿
　 教，亦名为大乘；迷来经累劫，悟即刹那间"所作的修改"此颂是顿教，亦名大法船；迷闻经累
　 劫，悟则刹那间"，以及《见真佛解脱颂》后惠昕本（兴圣寺本）"汝等自心是佛……种种法灭"等
　 内容，大乘寺本、真福寺本、天宁寺本三本都没有。
③ 以下惠昕本如果没有注明是兴圣寺本，通常指郭朋《〈坛经〉对勘》所用的版本，而惠昕本（兴圣寺
　 本）表明两者皆可。

大乘寺本（包括真福寺本和天宁寺本）有些地方与德异本相同，可能改写时也参看了德异本（延祐本）。例如，在"祖统说"中当法海问慧能顿教法从上至今传授几代时，大乘寺本中慧能的答复与兴圣寺本相同，也只提到名单，只是有些地方与兴圣寺本不同而与德异本相同（包括排名），如将兴圣寺本"婆须蜜多"改为"波须密多"（"波"可能写错了，"密"与德异本同而与兴圣寺本和契嵩本"蜜"别），"佛陀蜜多"改为"伏驮密多"（与德异本同而与契嵩本"佛驮蜜多"别），"胁比丘"改为"胁尊者"，"富那奢"改为"富那夜奢"等。大乘寺本综合德异本"迦毗摩罗尊者"和兴圣寺本"毗罗尊者"，将惠昕本"毘罗尊者"改为"迦毗罗尊者"。与德异本一样，无惠昕本"末因地"、"优婆掘多"（兴圣寺本为"优波掘多"）、"僧迦罗叉"等，却增加了"弥遮迦"、"不如密多"（"密"与德异本同而与契嵩本"蜜"别）、"般若多罗"等。真福寺本和天宁寺本的"祖统说"相近，改动不大，只是个别地方不同，但也有依大乘寺本（或德异本）增改之处，如都无"末因地"，且将兴圣寺本"胁比丘"改为"胁尊者"，"富那奢"改为"富那夜奢"等。不过，真福寺本还保留了法海本"舍那婆斯"，天宁寺本为"奢那婆斯"，"奢"与"舍"读音相近而拼写有异。从这点可以看出，真福寺本和天宁寺本并不完全依照大乘寺本而改，也有独自保留惠昕原本之处。

虽然大乘寺本依惠昕原本而保留了法海本部分原貌，但与兴圣寺本相比，并不是最接近惠昕原本的，其修改时不仅依照其来源本，还参看了兴圣寺本和德异本（延祐本）。然而，兴圣寺本却没有参看大乘寺本，如前面所提到的"师迁化日……至夜不绝"，如果兴圣寺本依照大乘寺本而改，则可以将"感得山崩地动，林木变白"改为"感地动林变"，"日月无光"改为"白日无光"，也可以将"群鹿鸣悲"改为"群鹿鸣叫"，但不可能将"天地失色"改为与敦煌本一致的"风云失色"。由此可以看出，兴圣寺本依照其来源本作出某些修改（或者说其来源本本身就作了修改），因而尚保留了惠昕原本之处，并非参照了大乘寺本或其他《坛经》本子。与大乘寺本相比，兴圣寺本更接近惠昕原本，因此要早于大乘寺本。

　　大乘寺本、真福寺本、天宁寺本以周希古刊本或存中本为底本，依照兴圣寺本和德异本（延祐本）作了较大的改动。而且，真福寺本、天宁寺本还以大乘寺本为参照，尤其是天宁寺本。例如，兴圣寺本"不知逐后数百人来"，保留了法海本"数百人"，大乘寺本却将之改为"不知逐后数十人来"，真福寺本、天宁寺本也随之而改。不过，真福寺本和天宁寺本并非完全遵循大乘寺本，如"祖统说"这部分内容，天宁寺本与真福寺本相近而与大乘寺本相差较大，这说明天宁寺本依循了真福寺本。而且，大乘寺本漏掉了兴圣寺本《自性真佛偈》（法海本为《自性见真佛解脱颂》）后"偈曰……无住无往，无"等内容，天宁寺本和真福寺本则有，只是天宁寺本无"偈曰"。兴圣寺本"自见本心，自成佛道"，真福寺本为"自正本心，自成佛道"，大乘寺本和天宁寺本则为"自正本心成佛"。这说明真福寺本依照了兴圣寺本（如每品后所加的"门"字以及"群鹿鸣叫"等），并非完全依大乘寺本而改。天宁寺本内容多数与大乘寺本相同，其卷首题记中也提到了大乘寺本，可能以大乘寺本为主要参照，甚至将其作为蓝本。例如，在《坛经》开头部分，兴圣寺本"刺史、官寮（僚）等三十余人，儒宗学士三十余人"，真福寺本与之相同，而大乘寺本则将两句合成一句，更为简练，为"刺史、官僚、儒宗学士六十余人"，天宁寺本也是如此。又如，兴圣寺本"若如此者，轮刀上阵，亦得见之"，真福寺本为"若此轮刀上阵，亦不得见"，而大乘寺本为"若轮刀上阵一般"，天宁寺本也与之一样。再如，真福寺本把兴圣寺本"若前念、今念、后念，念念相续不断"中"今念"漏掉了，而大乘寺本（《〈六祖坛经〉诸本集成》）则有，天宁寺本也有。然而，日本驹泽大学禅宗史研究会编著的《慧能研究》中的大乘寺本却没有，真福寺本是否抄自此大乘寺本呢？不过，这也同时说明，同样是大乘寺本，后面的抄写者也会出错，这也是出现多种异抄本的重要原因之一。[①]

大乘寺本因其书后有"道元书"三字，铃木大拙认为其原本当为日本曹洞宗祖师道元（1200—1253）或其弟子彻通义介（1219—1309）所写，是从中国带回日本的。[②] 如果道元或其弟子在中国改写了惠昕本，既要依照大乘寺本的原本——存中再刊本，又要参照兴圣寺本的原本——晁子健再刊本，同时还要参看契嵩本增删"祖统说"等。作为日本僧人在中国修改完后再带回日本，这不大可能，按理直接抄写一本带回国就行了，要修改也是以后的事。大乘寺本"祖统说"增删之处多与德异本（延祐本）同而与契嵩本别（如"密"字以及不同于契嵩本"佛驮蜜多"的"伏驮密多"等），说明参看了德异本，是将惠昕本带回日本后再依德异本而改，抄写的时间会更晚。至于书后"道元书"三字，有可能是道元从中国带回来后写上了自己的名字，而后改写者仍保留其名，未作删除，也有可能是之前的日本僧人如圆仁或圆珍，在唐代时就从中国把惠昕本带回日本了，道元修改后便附上自己的名字，不过后者可能性更大。

（二）契嵩本所用版本

契嵩本所用《坛经》本子为惠昕原本或其后的异抄本，同时参看了《曹溪大师别传》（如印宗法师讲《涅槃经》）、《历代法宝记》（如慧能在猎人中潜藏十五年）以及《景德传灯录》（如修改过的弘忍偈、"祖统说"中增删之处以及所增加的有关慧能弟子及武则天、唐中宗征诏慧能

---

① 再举两例：郭朋所用惠昕本中"诸人不呈偈者，为我与他们为教授师"，兴圣寺本（包括契嵩本和德异本）抄漏了"们"；郭朋所用惠昕本有"万法在善知识性中……当用大智慧打破五蕴烦恼尘劳。若修此行，定成佛道，变三毒为戒定慧"两大段内容，而兴圣寺本却没有"知识性中……当用大智慧打"等中间大部分内容。这并非说明郭朋所用的惠昕本比兴圣寺本早，只是说明同样是惠昕本，不同的抄写者因粗心而失误，就会有不同的惠昕本。另外，抄写者也有可能根据情况作出修改，这也是出现多种异抄本的一个重要原因，如德异本（包括高丽传本、曹溪原本和明版正统本）"祖相送，直至九江驿边"，郭朋所用契嵩本为"祖相送至九江驿边"，明版南藏本与契嵩本相同，只是无"相"，可能认为不合语法而将之删除了，而清代真朴重梓本又在此基础上作了改动，为"五祖送至九江驿"，也许参看了宗宝本（郭朋所用）"祖相送，直至九江驿"，因而无"边"（《〈六祖坛经〉诸本集成》中的高丽传本、曹溪原本和明版正统本属契嵩本，明版南藏本和清代真朴重梓本属宗宝本）。

② 参见杨曾文：《敦煌新本〈六祖坛经〉》，北京：宗教文化出版社，2001年，第205页。

之事等）。

　　尽管《景德传灯录》有些内容来自《宗镜录》（如弘忍偈和"祖统说"）和《曹溪大师别传》（如七十年的"悬记"），但契嵩所参考的书籍主要是《景德传灯录》。例如，对于慧能圆寂后情况的描述，有些是据《景德传灯录》而改，如将《景德传灯录》"异香袭人，白虹属地"改为"异香满室，白虹属地"，将"中宗赐磨衲、宝钵、方辩塑真道具等"及"主塔侍者尸之"改为"中宗赐磨衲、宝钵及方辩塑师真相并道具等，主塔侍者尸之"。[①] 又如，关于惠昕本依敦煌本而改的二十年后的"悬记"，契嵩本与之不同，为"吾去七十年，有二菩萨从东方来，一出家，一在家，同时兴化，建立吾宗，缔缉伽蓝，昌隆法嗣"。胡适认为，此悬记与《曹溪大师别传》中七十年的悬记"我灭度七十年后，有东来菩萨，一在家菩萨，修造寺舍；二出家菩萨，重建我教"一致，说明契嵩"所依据的'曹溪古本'正是这部《曹溪大师别传》"。[②] 但是，有关该悬记的内容，契嵩本与《景德传灯录》几近，只是将《景德传灯录》"一在家，一出家"（与《曹溪大师别传》的顺序一致）改为"一出家，一在家"，将两者作了对调。这说明契嵩本所增改的悬记来自《景德传灯录》，并非《曹溪大师别传》，只是《景德传灯录》修改所依也是《曹溪大师别传》，《曹溪大师别传》为契嵩本悬记的间接来源。

　　契嵩所见并非敦煌本，而是惠昕原本或其后的异抄本。如果是敦煌本，契嵩至少可参照其中一部分，但通过对其文本的分析，没见一处抄自敦煌本，皆依惠昕原本或其后的异抄本而更改，这也说明契嵩时敦煌本在内地可能已不复存在，仅存敦煌一处。然而，在敦煌本《先代五祖传衣付法颂》中，惠昕本将五祖弘忍的偈颂删除了，契嵩本（包括宗宝本）也随之删掉了。如果契嵩没见过敦煌本，为什么在"何期自性"这部分内容中，契嵩本（包括宗宝本）却增添了根据后面敦煌本五祖弘忍的偈颂修改而成的偈文呢？是否这首修改过的偈文在其他书中有记载，

---

① 对于《景德传灯录》这部分内容，参见《大正藏》第51册，第236页中。
② 胡适：《〈坛经〉考之一》，广东新兴国恩寺编《〈六祖坛经〉研究》（一），北京：中国大百科全书出版社，2003年，第3～4页。

而契嵩只是抄自这些书籍而已？在《宗镜录》中就有五祖弘忍这首修改过的偈颂，《景德传灯录》也有，不过《景德传灯录》可能抄自《宗镜录》。很显然，契嵩本抄自此类书籍，很可能抄自《景德传灯录》，而宗宝本只是照抄契嵩本而已。又如，在《见真佛解脱颂》中，惠昕本漏抄了"自佛是真佛"，兴圣寺本（包括大乘寺本）也没有，而契嵩本（包括宗宝本）却有，这是否说明契嵩本参看了敦煌本呢？法海本是"我心自有佛，自佛是真佛；自若无佛心，向何处求佛？"惠昕本是"我心自有佛，自若无佛心，何处求真佛？"契嵩本（包括宗宝本）是"我心自有佛，自佛是真佛；自若无佛心，何处求真佛？""何处求真佛"与惠昕本同而与法海本别，这说明契嵩本抄自惠昕原本，至少抄自之后有此句的异抄本，而不是法海本。

宋吏部侍郎郎简所撰《六祖法宝记叙》一文称："然六祖之说，余素敬之。患其为俗所增损，而文字鄙俚繁杂，殆不可考。会沙门契嵩作《坛经赞》，因谓嵩师曰：'若能正之，吾为出财模印，以广其传。'更二载，嵩果得曹溪古本校之，勒成三卷。璨然皆六祖之言，不复谬妄。乃命工镂板，以集其胜事。"①"若能正之"的"之"与"嵩果得曹溪古本校之"的"之"同指一本《坛经》即惠昕原本或其后的异抄本，而后"勒成三卷"的《坛经》应指契嵩用所得的"曹溪古本"进行校订而后"仍用惠昕之名"的三卷十六门惠昕本。文中说契嵩用曹溪古本"校之"，说明契嵩所得的"曹溪古本"并非古本《坛经》，因为古本比惠昕本更"文繁"。"曹溪古本"就是《曹溪大师别传》，在契嵩看来这是关于慧能生平和传法的故事，因而是"曹溪古本"，文字比惠昕本更浅显易懂，可以用来校对"鄙俚繁杂"的惠昕本。契嵩没有见过敦煌本，只是以《曹溪大师别传》等为参考而对惠昕原本或其后的异抄本进行校订，改定为三卷十六门的惠昕本，而后可能因其他原因又进行了改编，便有了现存的一卷十品的契嵩本。但是，在日本发现的惠昕本都是二卷十一门，而且胡适也提到晁公武《郡斋读书志》关于惠昕本三卷十六门

---

① 郭朋：《〈坛经〉对勘》，济南：齐鲁书社，1981年，第177页。

的记载"《六祖坛经》三卷，王先谦校：三，袁州本作二"①。惠昕本是否只有二卷，后人抄写时误作三卷？马端临在《文献通考·经籍考》中转录该条时，居然将"惠昕"抄成了"惠盺"，"周希复"抄成了"周希后"，这说明后人抄写时可能会出错。

契嵩修改所依究竟是惠昕原本还是其后的异抄本？通过对版本的对勘发现，有些地方表明契嵩修改所依不是惠昕原本。"各有一识"便是一例，如前所述，惠昕原本有对"六识"的释义，而惠昕本（兴圣寺本）则无，契嵩本也无。又如法海本"客将柴去"，惠昕本（兴圣寺本）和契嵩本（包括宗宝本）都是"客收去"，而大乘寺本（包括真福寺本和天宁寺本）是"客收柴去"，保留了法海本"柴"，取用了惠昕本"收"，这说明惠昕原本可能也是"客收柴去"，从而可以看出契嵩本不是依惠昕原本而改。再如，法海本"我于蕲州黄梅县东冯墓山礼拜五祖弘忍和尚，见（现）今在彼门人有千余众"，惠昕本（兴圣寺本）是"我从蕲州黄梅县东冯母山来，其山是第五祖弘忍大师在彼主化，门人一千有余"，契嵩本在惠昕本的基础上略有改动，为"我从蕲州黄梅县东禅寺来，其寺是五祖忍大师在彼主化，门人一千有余"，而大乘寺本（包括天宁寺本）与法海本相似，但综合了惠昕本（兴圣寺本），将法海本"于"和"千"分别改为"从"和"一千"，"冯墓山"写成了"冯茂山"，省掉了"弘忍"、"今"和"有"，并在"门人"前依惠昕本加上了"山"字，为"我从蕲州黄梅悬（县）东冯茂山礼拜五祖和尚，见（现）在彼山门人一千余众"②。大乘寺本有可能与惠昕原本接近，只是惠昕本（兴圣寺本）作了改动，据此也可以看出契嵩本并非依惠昕原本而作出修改。又如，法海本"大师言：'一时见西方无疑。即散！'"大乘寺本也有，略有改动："师言：'徒众用心，一时得见西方无疑。即散！'"只是无后面"大众愕然，莫知何事"，而惠昕本（兴圣寺本）和契嵩本皆

① 胡适：《〈坛经〉考之二》，广东新兴国恩寺编《〈六祖坛经〉研究》（一），北京：中国大百科全书出版社，2003年，第13页。
② 大乘寺本将"县"抄成了"悬"，天宁寺本为"县"。对于此句，真福寺本与兴圣寺本相近，只是将"冯母"抄成了"凭母"（"凭"的繁体字为"憑"，可能抄错了），"主化"抄成了"土化"，从这里也可以看出真福寺本并非完全依照大乘寺本而改，也有独自抄写兴圣寺本之处。

无，惠昕原本可能与大乘寺本接近，只是其后的异抄本作了改动，契嵩本也随之而改。再如，法海本"法元在世间，于世出世间；勿离世间上，外求出世间"，大乘寺本也有"法元在世间，于世出世间"，只是没有"勿离世间上，外求出世间"，而惠昕本（兴圣寺本）则将之改为"佛法在世间，不离世间觉；离世觅菩提，恰如求兔角"，契嵩本与惠昕本一样，这表明大乘寺本还保留了惠昕原本的内容①，而契嵩本所用版本可能不是惠昕原本，而是其后有改动的异抄本。又如，法海本"皆取法对，来去相因"，惠昕本为"皆取法对，来去相因"，说明惠昕原本用的也是"法对"，而契嵩本（包括兴圣寺本、大乘寺本和德异本）则为"皆取对法，来去相因"，所用为"对法"，这表明契嵩本所用版本可能是已有改动的惠昕异抄本。再如，法海本"不于此是大悠悠"，惠昕本为"不作此是大悠悠"，保留了"是"，说明惠昕原本也有可能是"不作此是大悠悠"，而兴圣寺本则为"不作此见大悠悠"②，契嵩本（包括德异本和宗宝本）与兴圣寺本一样，也是"不作此见大悠悠"，这同样说明契嵩本所用版本也许不是惠昕原本。不过，郭朋所用的契嵩本也有可能不是契嵩原本，如惠昕本"五祖相送，直至九江驿边"中有"直"，德异本"祖相送，直至九江驿边"和宗宝本"祖相送，直至九江驿"中也有，契嵩原本应该也有，而契嵩本"祖相送至九江驿边"则没有。又如惠昕本漏掉的"若前念、今念、后念，念念相续不断"中，德异本和宗宝本都有"念念"，契嵩原本也应该有，而契嵩本却没有，这说明《〈坛经〉对勘》所用的契嵩本不是契嵩原本。③

　　从上面的分析可以看出，郭朋所用的契嵩本不是契嵩原本，契嵩原本也有可能已经散佚。不过，《〈坛经〉对勘》所用的契嵩本可能要早于其惠昕本（包括兴圣寺本），尽管惠昕本还保留了惠昕原本之处。例如，法海本"教是先圣所传，不是惠（慧）能自知"，惠昕本为"教是先代

---

① 包括题名中还有"韶州"两字，兴圣寺本却没有；法海本与大乘寺本都说神会是"南阳人"，兴圣寺本则说是"当阳人"。
② 也有可能"见"的繁体字"見"与"是"相似，而原本字迹不清楚。
③ 高丽传本、曹溪原本、明版正统本、明版南藏本和清代真朴重梓本也都有"念念"两字，也许郭朋所用的契嵩本刊漏了。

圣传，不是惠能自知"，兴圣寺本为"教是先代圣传，不是惠能自智"，大乘寺本保留了法海本"教是先圣所传"和兴圣寺本"智"，为"教是先圣所传，不是某甲自智"，契嵩本与大乘寺本一样，只是将"某甲"变成了"惠能"，为"教是先圣所传，不是惠能自智"，惠昕原本大概也是如此，契嵩原本依惠昕原本，至少依有此句的异抄本而改，可能也是"教是先圣所传，不是惠能自智"，而郭朋所用的惠昕本作了修改，且将"智"改为"知"，也许认为这样才正确。对于契嵩改编《坛经》所据是不是惠昕原本，目前尚难得出最后的结论，但至少不是《〈坛经〉对勘》所用的惠昕本。

倘若契嵩本不是依照惠昕原本而是其后的异抄本而改动，那么，这种异抄本究竟是兴圣寺本的来源本即晁迥抄本，还是大乘寺本的来源本即周希古刊本？抑或这两种抄本之前还有异抄本？从郎简所撰《六祖法宝记叙》中"校之"的"之"可以判断，契嵩只依一本惠昕本而改，不可能同时参照晁迥抄本和周希古刊本。虽然大乘寺本保留了惠昕原本之处，契嵩原本可能与之相同，但是，契嵩本（包括宗宝本）用词和语气却与源自晁迥抄本（或晁子健再刊本）的兴圣寺本更相近，如对"三科法门"的阐释。郭朋所用的惠昕本漏掉的地方，如"无住为本。无相者，于相而离相……"，"说传香忏悔发愿门"中"著。畏上爱下"之前的内容等，契嵩本、兴圣寺本和大乘寺本（包括真福寺本和天宁寺本）都有，然而契嵩本用词有些地方却与兴圣寺本差不多，而与大乘寺本有别。又如，契嵩本、兴圣寺本皆为"无相者，于相而离相"，大乘寺本则为"何名无相？于相而离相"。再如，大乘寺本在"三科法门"中阐释完"六门"后虽没详加解释"六识"，而只提及六门"各有一识"，然而契嵩本与惠昕本（兴圣寺本）一样，不仅没有阐释"六识"之意，连"各有一识"也没有提及。如前所说，兴圣寺本要早于大乘寺本，大乘寺本没有的"风幡之动"等内容，依惠昕原本或其后的异抄本而改的契嵩本却有。这是否说明契嵩本依照晁迥抄本而作出修改呢？对于前面提到的兴圣寺本所漏掉的"自佛是真佛"，大乘寺本、真福寺本和天宁寺本也都没有，这说明晁迥抄本和周希古刊本可能也没有，因为如果周希古刊本本身就有，后面三本没有必要照兴圣寺本将之删除。既然晁迥抄本和周希古刊本都漏掉了"自佛是真佛"，说明两本之前还有一个共通的祖本抄本，为同一种异抄本。[①] 倘若如此，那么契嵩原本有可能改编于该共通的祖本抄本之前的惠昕原本，至少是其后有此句且早于该共通的祖本抄本的另外一种异抄本。

（三）宗宝本所用版本

宗宝本所用《坛经》本子为惠昕本、契嵩本和德异本，同时也参看了其他书籍，如《曹溪大师别传》《历代法宝记》《景德传灯录》等。不过，后面的参考书很少借用，因为契嵩本借鉴这几本书所添加的内容，宗宝本几乎都能找到，只是个别地方略有不同。例如，在"祖统说"中，第六祖契嵩本（包括《景德传灯录》）为"弥遮迦"，而宗宝本却是"须遮迦"；第九祖契嵩本是"佛驮蜜多"，宗宝本依《景德传灯录》改为"伏驮蜜多"。再如，在所增加的慧能弟子中，其中一位契嵩本为"志通"，而宗宝本依《景德传灯录》改为"智通"；对于"永嘉玄觉禅师"，契嵩本没有说明其姓氏和出生地，而宗宝本据《永嘉证道歌》附加了"温州戴氏子"。

宗宝修改时是否参看了敦煌本？宗宝在其所改写的《坛经》本子"跋"中说："……余初入道，有感于斯，续见三本不同，互有得失，其板亦已漫灭。因取其本校雠，讹者正之，略者详之，复增入弟子请益机缘，庶几学者得尽曹溪之旨。"[②] 宗宝所说的"三本"是否指敦煌本、惠昕本和契嵩本？杨曾文认为，宗宝看过契嵩的《坛经赞》，因而也有契嵩校编的《坛经》，大概契嵩本前面印有《坛经赞》；宗宝所说的"三本"也许是契嵩本、德异本和惠昕本。[③] 契嵩本都没有敦煌本的影子，而宗宝本与契嵩本或德异本几乎完全一样，更不见敦煌本的踪影。从德

---

① 如果按照胡适所断定的惠昕本成书于宋太祖乾德五年（967），那么晁迥抄本和周希古刊本共通的祖本抄本应指 967 年以后的惠昕异抄本。不过，如果按吴孝斌的分析，惠昕本成书于唐贞元三年（787），那么，两本之前共通的祖本抄本应是 787 年以后的惠昕异抄本。
② 郭朋：《〈坛经〉对勘》，济南：齐鲁书社，1981 年，第 178 页。
③ 杨曾文：《敦煌新本〈六祖坛经〉》，北京：宗教文化出版社，2001 年，第 313 页。

异《六祖法宝坛经序》所述也可以看出，德异所见只是"节略太多"的惠昕本，而没有见过"初忻后厌"的"文繁"古本——敦煌本。所以，宗宝本也依惠昕本、契嵩本和德异本而改，没有据敦煌本改动的痕迹。

宗宝改编所据之一便是惠昕本，是宗宝和德异其时在社会上通行的一种《坛经》本子，也是契嵩所见"文字鄙俚繁杂，殆不可考"的"俗本"，不过不同于契嵩所改的惠昕本，可能是晁子健刊本。德异寻觅契嵩本甚难，可能当时不流行契嵩本而流行惠昕本。洪修平也认为，宗宝所校雠的三个本子中可能也包括了惠昕本。① 只是受德异所述的影响，宗宝极少参看惠昕本，主要依据契嵩本和德异本改编。宗宝本个别地方与惠昕本相同，只是借鉴了个别之处。例如，惠昕本"五祖一日忽见惠能言"，契嵩本和德异本为"祖一日见能曰"，宗宝本为"祖一日忽见惠能曰"。又如，惠昕本"五祖知悟本性，乃报惠能言：'不识本心，学法无益。若言下识自本心，见自本性，即名丈夫、天人师佛'"，契嵩本和德异本只有"祖知悟本性，即名丈夫、天人师佛"，而宗宝本与惠昕本差不多，只是将五祖言中"言下"两字删掉了，且将前面改为"祖知悟本性，谓惠能曰"，明显有依惠昕本修改的痕迹。由于上面两个例子中兴圣寺本和大乘寺本皆同，分别是"五祖一日忽见惠能（某甲）言"和"五祖知悟本性，乃报惠能（某甲）言：'不识本心，学法无益。若言下识自本心，见自本性，即名丈夫、天人师佛'"，不能由此判断宗宝改写所用的惠昕本是晁迥抄本还是周希古刊本（当然不会是惠昕原本），但至少是参看了其后的晁子健刊本。

宗宝以契嵩本和德异本为主进行改编，同时参看两本书。虽然当时不盛行契嵩本，但宗宝最后还是得到了契嵩本，并将其作为参考书，因而宗宝本前通常都有契嵩的《坛经赞》。宗宝与德异同时，宗宝改写《坛经》时不仅依照契嵩本，还根据刚刊印出来的德异本加以修改，因此通行的宗宝本前都有德异的序。契嵩本和德异本两者是否完全相同？洪修平认为，德异从通上人处得到的早年曾见过的"古本"，可能就是

---

① 洪修平：《关于〈坛经〉的若干问题研究》，《世界宗教研究》1999 年第 2 期。

契嵩的改编本。① 不过，洪修平没有明确说两者是否完全一样。杨曾文也认为，由于德异本有可能是契嵩本的再刊本，而宗宝本与德异本内容基本相同，且宗宝本前既有德异的序，又有契嵩的《坛经赞》（有的只有郎简的序），因而宗宝本所用的底本很有可能就是契嵩本。② 在他看来，明宪宗成化七年（1471）刊印的《六祖大师法宝坛经（曹溪原本）》，其编排和内容与朝鲜流行的德异本完全一样，只是没有德异的序，附记也不同，这很可能就是契嵩本。③ 郭朋核对后断定，德异本完全是契嵩本的一种传抄本。④ 如果两者完全一样，宗宝以其中一本为蓝本即可，无须再参看另一本，然而这与宗宝所述"三本不同，互有得失"不相吻合。

德异早年见过的"古本"很有可能就是未被后人"节略太多"的契嵩改本，德异附上自序并加上不同的附记后便刊印面世。虽然德异并没有明确说曾改编过《坛经》，只是说把从通上人处得来的"古本"刊印而已，但是，仔细比对便发现，德异本对契嵩本个别地方还是作了改动。例如，在《先代五祖传衣付法颂》达摩偈之后，契嵩本（包括曹溪原本）接着是"师复曰：'诸善知识！汝等各各净心，听吾说法……'"，德异本（包括高丽传本和明版正统本）是"师复曰：'汝等（若欲成就种智）……'"，宗宝本与契嵩本同而与德异本不同，其后三本的内容才完全一样（除了契嵩本抄重的部分"诸人自心是佛……种种法灭"和宗宝本漏掉的"汝等"）。在后面的内容"汝等若欲成就种智……"中，契嵩本有"汝等"，德异本也有，宗宝本却没有（可能作了修改），而契嵩原本（至少是郭朋所用契嵩本之前的抄本）可能是"师复曰：'诸善知识！汝等各各净心，听吾说法。汝等若欲成就种智……'"。郭朋所用契嵩本（包括曹溪原本）误入了"诸人自心是佛……种种法灭"，德异本

① 洪修平：《关于〈坛经〉的若干问题研究》，《世界宗教研究》1999年第2期。
② 杨曾文：《敦煌新本〈六祖坛经〉》，北京：宗教文化出版社，2001年，第313页。
③ 杨曾文：《〈六祖坛经〉诸本的演变和慧能的禅法思想》，广东新兴国恩寺编《〈六祖坛经〉研究》（二），北京：中国大百科全书出版社，2003年，第230页。
④ 郭朋：《慧能的思想与〈坛经〉的演变》，广东新兴国恩寺编《〈六祖坛经〉研究》（二），北京：中国大百科全书出版社，2003年，第194页。

依契嵩本（至少是郭朋所用契嵩本之前的抄本）作了改动，保留了"汝等"，而宗宝本也依此契嵩本作了修改，只是将"汝等"去掉了。从这部分内容可以看出，日本柳田圣山主编的《〈六祖坛经〉诸本集成》中的曹溪原本并非真正的契嵩原本，而是后来有了改动的异抄本[①]，德异本和宗宝本可能皆依契嵩原本（至少是郭朋所用契嵩本之前的抄本）而改。再如，在"祖统说"中，契嵩本"优婆毱多"，德异本和宗宝本皆为"优波毱多"；契嵩本"婆须蜜多"，宗宝本也是，而德异本则为"婆须密多"，"蜜"与"密"不同；契嵩本"佛驮蜜多"，德异本为"伏驮密多"，宗宝本综合了两者，为"伏驮蜜多"（《景德传灯录》也是"伏驮蜜多"）；契嵩本、宗宝本"婆修盘头""不如蜜多"，德异本则分别为"婆须般头""不如密多"。这些说明契嵩本与德异本并不完全相同，德异再刊之前对契嵩本作了改动，因而宗宝才能依不同的三本而"取长补短"。

宗宝改编所依的契嵩本究竟是契嵩原本还是其后的异抄本？前面所提到的在达摩偈之后，契嵩本（包括曹溪原本）增加了"……（汝等）诸人自心是佛……种种法灭"等内容，与《见真佛解脱颂》后"汝等自心是佛……种种法灭"几乎完全一样，只是多写了"诸人"两字，而宗宝本与德异本（包括高丽传本和明版正统本）却无此内容。第四部分关于坐禅的内容，契嵩本（包括德异本、高丽传本、明版正统本和曹溪原本）与宗宝本两段顺序作了对调，而宗宝本却与兴圣寺本和大乘寺本一致。[②] 这些不仅再一次说明《〈坛经〉对勘》所用的契嵩本（包括明版正统本和曹溪原本）不是契嵩原本，而且所用的宗宝本也不依其契嵩本而改。目前尚难断定宗宝修改《坛经》所依究竟是契嵩原本还是其后的异

---

① 据日本学者宇井伯寿《〈坛经〉考》所述，曹溪原本至少有六次刊印（如果明正统四年的黑口刻本也是曹溪原本）。在《御制〈六祖法宝坛经〉叙》刻本（即成化七年刻本，亦即《〈六祖坛经〉诸本集成》曹溪原本）之前三十二年，即正统四年（1439），曹溪原本已经刊行，此本可称为"正统本"［参见 ［日］宇井伯寿著，杨曾文选译：《〈坛经〉考》，广东新兴国恩寺编《〈六祖坛经〉研究》（四），北京：中国大百科全书出版社，2003年，第266～267页］。由此可知，曹溪原本已刊印多次，有可能刊误而出现异抄本的情况，《〈六祖坛经〉诸本集成》中的"曹溪原本"即是一例，并非真正的曹溪原本（包括"明版正统本"），而是名称一致、内容有别的异抄本。
② 有关这部分内容，《〈坛经〉对勘》所用的惠昕本缺。

抄本，但至少不是后来郭朋所用的契嵩本或《〈六祖坛经〉诸本集成》中的"曹溪原本"。

第四节 《坛经》古本鉴别

敦煌本《坛经》是见性之本，是慧能说法的原始记录，但敦煌本《坛经》有几种抄本，究竟哪一个是敦煌原本？诸多抄本中有没有敦煌原本？要找到《坛经》祖本，必须识别出敦煌原本。对这个问题，可从以下两个方面进行分析。

一、敦煌本《坛经》的构成

按照印顺法师的划分，敦煌本《坛经》从内容上可分为两部分：一是原始的《坛经》，这是《坛经》的主体，是慧能大梵寺讲法的记录；二是《坛经》附录，这是关于慧能与弟子的问答、临终付嘱以及临终及以后的情形。[①] 若从记录者来分，敦煌本《坛经》由法海集记时开始，到悟真弟子附录传承体系之前为第一部分，属于祖本《坛经》的内容，构成了今本《坛经》的绝大部分；最末附加的次第传承体系等，是道际圆寂后传法至悟真时其门人所记，为《坛经》第二部分。潘重规认为，这位抄写《坛经》的人，可能是和悟真同时的南宗弟子，也许就是法海、道际的门人，抄写时间可能是在慧能去世之后不超过三十年。[②] 然而，通过对文本的仔细分析便能发现，传承体系等附录部分应是悟真门人或至多是道际门人即悟真的同学所记，抄写时间不大可能是在慧能去世后三十年之内。其记为：

> 此《坛经》，法海上座集。上座无常，付同学道际；道际无常，

---

① 释印顺：《中国禅宗史》，北京：中华书局，2010 年，第 232 页。
② 潘重规：《敦煌本〈六祖坛经〉读后管见》，广东新兴国恩寺编《〈六祖坛经〉研究》（四），北京：中国大百科全书出版社，2003 年，第 149 页。

付门人悟真。悟真在岭南漕溪山法兴寺，见（现）今传受（授）此法。

如付此法，须得上根智，深信佛法，立于大悲。持此经以为禀承，于今不绝。

此《坛经》由法海集记，法海圆寂后由师门弟子道际保存，道际而后交付其弟子悟真，悟真此时在岭南曹溪山法兴寺传授此法。法海和道际是同学，如果两人年龄比较接近，传承便没有多大意义；同理，道际与其弟子悟真年龄也应相差较大，除非道际早逝。这说明抄写者不大可能是法海的门人，而应是悟真的门人，最多是悟真的同学即道际的门人，杨曾文认为"应是悟真门人的口气"[①]。《坛经》最末还有：

和尚本是韶州曲江县人也。

如来入涅盘（槃），法教流东土；共传无住〔心〕，即我心无住。

此真菩萨说，真实示行喻；唯教大智人，示旨于凡度。

誓〔愿〕修行，遭难不退，遇苦能忍，福德深厚，方授此法。如根性不堪，林（材）量不得，虽求此法，违立不得者，不得妄付《坛经》。告诸同道者，令知蜜（密）意。

南宗顿教最上大乘坛经一卷

对于文中提到的"和尚"究竟指谁，通常有两种不同的看法：一是指慧能，二是指法海。不过，根据句意，这里的"和尚"应指慧能，但慧能是唐代新州（今广东新兴县）人，后来移居韶州曲江县的曹溪宝林寺，弘扬"南宗禅法"。悟真门人可能误将慧能阐法之地当作了慧能的出生地。其下是《坛经》核心思想与交付情况的介绍，从中可知，只有大智之人才能得以传授《坛经》法门，故而不得妄自交付《坛经》。最后是《坛经》题名的末尾"南宗顿教最上大乘坛经一卷"，这部分也是悟真门人所加，是为了简化冗长的标题。周绍良认为："法海以慧能的

<hr>

① 杨曾文：《〈六祖坛经〉诸本的演变和慧能的禅法思想》，广东新兴国恩寺编《〈六祖坛经〉研究》（二），北京：中国大百科全书出版社，2003年，第224页。

第一大弟子接法，掌握《坛经》的传授，历经三世：法海、道际、悟真，一直'持此经以为禀承'。随着继承陆续补入记录，这段应该是注文或后记，大概抄写者误入正文，遂构成今天《坛经》结尾的一段。"① 在他看来，这"说明此《坛经》是原本，至少已经三传了，距离慧能逝世已经多年"②。李富华认为，从这段文字可知，慧能入灭后，法海所集记的《坛经》在曹溪法海一派中流传，到敦煌本《坛经》成书之时刚好传到悟真一代，该本《坛经》最接近原本，但也经过法海一派的修改。③

由此可知，当今所见的敦煌本《坛经》是悟真在世时完成的，是两部分内容的合一，可泛称为《坛经》，除去附益部分便是祖本《坛经》。周绍良认为，后来整理者觉得敦煌本《坛经》题目太长而又累赘，于是截取尾部成一简名，后人翻刻时又各有所见，于是加以更改，致使书名不一，不知真正原本则是敦煌本。④ 在他看来，法海所集记的《坛经》是慧能认定过的，是继承慧能这支禅宗的主修课。⑤ 题名也是慧能认定的，是法海当时所用的原始标题，只有题名的末尾"南宗顿教最上大乘坛经一卷"为悟真门人所加。虽然任继愈认为"尽量不相信有一个完全正确的标准本的《坛经》的假设"⑥，目前也还没有找到原始古本，不过可以断定，把敦煌本《坛经》增益部分除去便是最古真本——祖本。

二、敦煌原本鉴别

虽然敦煌原本除去最后附益部分便是祖本《坛经》，然而，在目前

---

① 周绍良：《敦煌本〈六祖坛经〉是慧能的原本——〈敦博本禅籍校录〉序》，广东新兴国恩寺编《〈六祖坛经〉研究》（四），北京：中国大百科全书出版社，2003年，第39页。
② 周绍良：《敦煌写本〈坛经〉之考定》，广东新兴国恩寺编《〈六祖坛经〉研究》（四），北京：中国大百科全书出版社，2003年，第23页。
③ 李富华：《〈坛经〉的书名、版本与内容》，广东新兴国恩寺编《〈六祖坛经〉研究》（二），北京：中国大百科全书出版社，2003年，第259页。
④ 周绍良：《敦煌写本〈坛经〉之考定》，广东新兴国恩寺编《〈六祖坛经〉研究》（四），北京：中国大百科全书出版社，2003年，第22页。
⑤ 周绍良：《敦煌写本〈坛经〉之考定》，广东新兴国恩寺编《〈六祖坛经〉研究》（四），北京：中国大百科全书出版社，2003年，第23页。
⑥ 任继愈：《以禅宗方法整理〈坛经〉》，广东新兴国恩寺编《〈六祖坛经〉研究》（四），北京：中国大百科全书出版社，2003年，第4页。

发现的六种敦煌本《坛经》写本中，内容完整的有敦博本、旅博本和斯坦因本，三本不尽相同，有细微之别。究竟哪一本为敦煌原本？抑或三本中没有一本是敦煌原本？如前所述，要找回《坛经》祖本，必须首先确定敦煌原本。

（一）原本与抄本

《坛经》在中国南方接近边境的地方形成，而后流行于北方，唐末宋初作为写本入藏边陲之地的敦煌藏经洞。① 为何敦煌本《坛经》由法海集记时开始，到后来悟真传法时为止？为何法海本《坛经》最初在岭南传授，其祖本却没有保存，而仅留存于敦煌？这是否与会昌法难有关？周绍良认为，敦煌本《坛经》应该是最早的抄本，因为它不是卷子抄本，而是册子抄本，这是当时南方流行的形式，而敦煌经生一直是用卷子抄写经籍，中原地区更未见有以方册形式抄写佛教典籍的记载或宝物，由此可以推断，这部敦煌写本的《坛经》也许是粤越僧人从广东携来敦煌的，录自曹溪，出自原本，时间可能在宋初。② 目前所见的几种敦煌写本皆为抄本而非原本，其中的册子抄本也有可能是在册子本流行于敦煌地区后才在当地抄写而成的，而只有敦煌原本才是从广东地区携来敦煌的。虽然"佛教典籍，一直到宋代初年刻《开宝藏》时还保存卷子形式"③，但并不表明南方流行形式的册子本也在宋初才出现，这部敦煌写本的原始《坛经》应是册子本，有可能唐末就带到敦煌地区了，因为此后契嵩本和宗宝本皆不见敦煌原本的影子，只有稍晚于敦煌本的惠昕本才留下了抄写的痕迹。

按照胡适"大胆假设，小心求证"的方法，依笔者之拙见姑且猜想，到会昌法难时，为了保护古本《坛经》，悟真或其门人可能把祖本

---

① ［日］宇井伯寿著，杨曾文选译：《〈坛经〉考》，广东新兴国恩寺编《〈六祖坛经〉研究》（四），北京：中国大百科全书出版社，2003 年，第 277 页。
② 周绍良：《敦煌新本〈六祖坛经〉序》，广东新兴国恩寺编《〈六祖坛经〉研究》（四），北京：中国大百科全书出版社，2003 年，第 50～51 页。
③ 周绍良：《敦煌新本〈六祖坛经〉序》，广东新兴国恩寺编《〈六祖坛经〉研究》（四），北京：中国大百科全书出版社，2003 年，第 51 页。

带到孤悬西北的敦煌避难。慧能圆寂后将《坛经》交付法海传授，慧能于开元元年（713）入寂，法海此时可能是四十多岁，由于法海生卒年不详，假如活到八十多岁，那么法海入寂后交付同学道际时在天宝九载（750）左右；如果这时道际已五十多岁，活到八十多岁，交付门人悟真时在建中元年（780）左右。如果按照吴孝斌所推测的惠昕本完成于唐贞元三年（787），那悟真开始弘法的时间可能在此之前，因而敦煌本《坛经》约完成于建中元年（780）。学界一般也认为敦煌本约成书于780年，如洪修平"约为780年的写本"[①]和日本柳田圣山"约780年时期"[②]。会昌法难发生在842—846年间，假如悟真那时还在，其本人或其门人可能将敦煌原本带到敦煌避难。当时敦煌有一位很有影响的僧界领袖也叫悟真，活了九十五岁，不过两人生卒年不一致。如果他与慧能再传弟子悟真是同一个人，那就是悟真亲自把祖本《坛经》带到敦煌去的。为了不让《坛经》祖本失传，悟真或其门人可能会请几位抄经人抄写《坛经》，当时只有卷轴本，此后才有了册子本。不过，从对现存各种抄本的抄写情况来看，这些抄本并非悟真或其门人请人抄的，而是当地僧人或俗人主动抄写的，因为错处较多，且有些抄本并不完整。

如果敦煌当时只有卷轴抄本的形式，那么敦煌原本（如果是册子本）就有可能在岭南便抄好了，然后带到了敦煌。但是，如果在岭南就抄好了，那至少可以留一两本在岭南，为何一本都没有？也不可能把祖本留在岭南，只将抄好的敦煌原本带到敦煌去，因为祖本才是最应该保护的。这说明，敦煌原本《坛经》可能只有一本，在祖本的基础上增加了附益部分，而后流传到敦煌后才有了多种抄本。如果在岭南时已有多种抄本，会昌法难时也不可能全部销毁，惠昕原本或异抄本当时也还在内地，并没有完全销毁。而且，诸多抄本中有不少明显抄错的地方，如果在岭南抄写，悟真会让其门人而不是抄经人抄写，也就不会出现那么多明显的错误。

---

① 洪修平：《关于〈坛经〉的若干问题研究》，《世界宗教研究》1999年第2期。
② ［日］柳田圣山著，俊忠译：《〈六祖坛经〉诸本集成说明》，广东新兴国恩寺编《〈六祖坛经〉研究》（四），北京：中国大百科全书出版社，2003年，第327页。

　　敦煌原本的字体可能有两种：一是法海集记时法海等人的字体，二是悟真门人所加附益部分的字体，也许祖本后面还有空白处。而各种抄本都只有一种字体，说明主体部分和附益部分都是由一人抄写。如果敦煌原本也是同一字体，那么就是悟真门人重抄了一遍祖本，并在其后加上了附益部分。然而，即使要保持祖本原貌，祖本明显错误之处，如"自性起用对有十九对"误写为"三身有三对"，重抄时也应加以更正或至少加以注释。这也说明祖本《坛经》带到了敦煌，外加附益部分就是敦煌原本，此后才出现了各种抄本，而且从后面对几种抄本进行对勘以还原敦煌原本的过程中，也可以看出诸抄本中没有一本是原本。

　　祖本《坛经》是否有过修改？杨曾文认为，从敦煌原本的传承世系可知，道际对法海传承的《坛经》作过某些修补，又将修补后的《坛经》传给门人悟真；悟真及其弟子又对《坛经》进行修补，此即敦煌原本，由此可知至悟真时《坛经》已可辗转传授弟子，从而出现多种抄本。[①] 笔者认为，道际和悟真都没有对祖本《坛经》作出修改，传承世系只是悟真门人在悟真的吩咐下所加，祖本明显错误之处都未加更改就是一个明证。敦煌本《坛经》只有附益部分是悟真弟子添加的，而法海和道际都没有记录此传承体系，也没有后面附加的内容。题名末尾"南宗顿教最上大乘坛经一卷"也是悟真弟子所加，如果祖本《坛经》就有此题名，则敦煌本《坛经》附益部分就应放在其后而不会放在其前。

　　祖本《坛经》是否有多种抄本？潘重规认为，各为"一方头"的十大弟子皆持有写本，其他弟子门人也应有传抄本。[②]《坛经》祖本应该只有一本，如果是多本则会四处流传，难以把握传承情况。而且，附益部分也申明"如根性不堪，林（材）量不得，虽求此法，违立不得者，不得妄付《坛经》"（敦煌本《坛经》），这也说明《坛经》不是随便交付的，只有大根之人才能得以传承，因而只有一本。敦煌本《坛经》载：

---

① 杨曾文：《〈六祖坛经〉诸本的演变和慧能的禅法思想》，广东新兴国恩寺编《〈六祖坛经〉研究》（二），北京：中国大百科全书出版社，2003年，第224页。
② 潘重规：《敦煌本〈六祖坛经〉读后管见》，广东新兴国恩寺编《〈六祖坛经〉研究》（四），北京：中国大百科全书出版社，2003年，第148页。

"十僧得教授已，写为《坛经》，递代流行。"这说明《坛经》是一代代传递下去的，而不是人手一本。慧能圆寂前把十大弟子叫到跟前，吩咐道："吾灭度后，汝各为一方师。吾教汝说法，不失本宗。"（敦煌本《坛经》）这也说明慧能传法是心传，只要"不失本宗"即可，不必人人一本《坛经》，照本宣科。况且，慧能所举三科法门、三十六对法阐明了大乘中道法门，只要把握其中要领，即"出没即离两边。说一切法，莫离于性相。若有人问法，出语尽双"（敦煌本《坛经》），亦即把握中道原则，不离性相即可。十大弟子一直在慧能身边，听慧能讲法多年，早已熟记在心；既然"得教授已"，只需存留一祖本便可。慧能叫十大弟子写为《坛经》，并不是说每人手持一本，而是将其说法记录下来，流传后世，其实一本就可以了。十大弟子分布到各地传顿教法，如果都有原本，则各地皆有，为何只有敦煌一处有？再者，如果十大弟子各自门人都有抄本，为何后来一本都没有了呢？如果当时有多个抄本而后才带到了敦煌，那么里面明显错误的地方，如"十二对"和"十九对"分别多写了一对，"自性起用对有十九对"写成了"三身有三对"，等等，为何敦煌本各抄本都没有纠正？只是敦博本将"十二对法"中斯本和旅博本多写的"大大与少少（小小）对"（祖本可能是"大与小对"）删掉了。即使法海没有发现，其他传抄的弟子总有发现者，便会纠正过来，可事实并非如此。

至宗宝时惠昕本还在社会上流行，后来传到了日本，惠昕本在中国便逐渐散佚了；契嵩本也如此，其再刊本（德异本）是在高丽（朝鲜）发现的，契嵩本在中国也散佚了。按理说，敦煌本也应有这种情况，即当时有多个抄本，后来在国内散失了，或许再后来又在日本或朝鲜等国发现了。然而，在日本发现的《坛经》本子都是惠昕本，没有敦煌本，说明日本的僧人圆仁（794—864）和圆珍（814—891）当时从中国带回日本的《坛经》就是惠昕本，也许是周希古刊本，因为大乘寺本题名"韶州曹溪山六祖师《坛经》"，与圆仁和圆珍传到日本的《坛经》本子题名接近，都有"曹溪山"三字，只是后者明记"法海集"，与惠昕本题以"惠昕撰"不同。① 敦煌本其时可能已带到了敦煌,在内地已不复存在。为何只有敦煌本带到了敦煌,而祖本的各抄本却没有一本带到那里?为何敦煌地区只有敦煌本的诸多抄本,却没有一本是祖本的抄本?这说明只有一祖本《坛经》,而且敦煌原本除去附益部分就是祖本。

(二) 两种类型抄本对勘

在内容完整的三部敦煌写本中,哪一本是敦煌原本?还是三本都是抄本而没有一本是原本?通过对敦博本、斯坦因本和旅博本进行校勘,发现敦煌原本已佚失不存,而此三本皆是抄本。三抄本将"曰"都抄成了"日",原本应是"曰",祖本不至于犯这种的错误;又如在"五祖遂唤秀上座于堂内,问"中,三本皆将"问"作"门",可能祖本字迹不清楚,三本都抄错了;在"邪正悉打却"中,三种抄本都将"悉"抄成了"迷",敦博本更明显,原本不可能是"邪正迷打却",法海等不至于连这点知识也没有,可能"悉"写得像"迷",抄经者照着原本抄,没有去思考这样的问题;在"宿业有缘,便即辞亲"中,三本"业"皆作"叶",而下面"宿业障重,不合得法"中,敦博本和斯本皆作"叶",旅博本却作"业",由此可知祖本前面可能是"业"(根据句意也应是"业"),只是三本都抄错了,而后面只有旅博本抄对了。如果三本中有一本是原本,不至于犯这种常识性的错误,这说明三本都不是原本。

三部抄本是否同时抄自敦煌原本?抑或有共通的祖本抄本,而这共通的祖本才抄自原本?在对三本作出对勘并进行敦煌原本还原的过程中,笔者也参看了北本,发现北本和敦博本很接近,连字体、格式都相同,只是个别文字不同,这两本可归为一种类型的抄本。不过,两本都不可能抄自敦煌原本,因为错处较多,也较明显,有可能抄自同一部敦煌抄本,而这一敦煌抄本可能是卷轴本,抄自敦煌原本。北本是卷轴本,比敦博本时间要早一些,但内容不完整,且"即是海水"后马上接卷末题名"南宗顿教最上大乘坛经一卷",显然不是原始抄本。斯本和

---

① 参见杨曾文:《敦煌新本〈六祖坛经〉》,北京:宗教文化出版社,2001年,第234~235页。

旅博本不仅格式相近，而且错误之处大多相同，不过旅博本更规范，字体更工整，错误更少。这两本也有共通的祖本抄本，也应该是卷轴本，可归于一类。因此，两种类型的抄本都有各自共通的祖本，而这共通的祖本才有可能抄自敦煌原本，而且很有可能都是卷轴本，然而都没有入藏藏经洞。北残本只有一张纸，前后两部分抄错了位，将"与善知识无相忏悔三世罪障"后的"大师言：'善知识：前念后念及今念，念〔念〕不被愚迷染'"抄成了"大师言：'善知识：归依觉，两足尊……愿自三宝"，可能抄错后而作废纸处理，因而不能作为较为完整的参考本，但可借鉴。方广锠认为："古代敦煌抄经，因原卷错抄而作废时，为节约纸张，往往将错抄部分剪下，接粘空纸后继续抄写。而剪下之错抄部分则备作他用。本号背面抄有其他文献，就是证明。"① 北残本字体比北本还工整，而且"佛"字与斯本和旅博本的写法一致，不像敦博本和北本简化为"仏"，且"今既发四弘誓愿讫"中"讫"与斯本和旅博本同，而与敦博本和北本"说"不同，还有"更不归依余邪迷外道"中的"依余"与旅博本同（斯本为"衣余"），而与敦博本和北本别（无"余"）。但是，在"行誓愿力"和"四弘誓愿"中"誓"字的写法却与敦博本同，而与斯本和旅博本（包括北本）别。这似乎说明两种类型的抄本之外还有一种抄本，与两者既同又别，但也不是敦煌原本，如"即自悟佛道成"中"即"抄成了"内"，便是一个明证。

　　两种类型的抄本明显不同，显然抄自各自共通的祖本，并非彼此相抄，譬如旅博本抄自敦博本，斯本再抄自旅博本，或者敦博本抄自旅博本，北本再抄自敦博本。这种情况表明，悟真（如果真的是其本人）或其弟子将敦煌原本带到敦煌避难时，当地前后两位僧人（当然也有可能包括俗人）见到敦煌原本时便有心抄写存留，悟真或其弟子兴许也同意此事以共同学习顿教法，抑或担心祖本《坛经》失传。但是，如果是悟真或其弟子主动请抄经人抄写而自己保存以免祖本被毁或遗失，那么，

---

① 方广锠：《关于敦煌本〈坛经〉》，广东新兴国恩寺编《〈六祖坛经〉研究》（四），北京：中国大百科全书出版社，2003年，第192页。

在抄写的过程中可能会发现错误之处（如字体明显错误之处），就会加以纠正，然而到最后错误如"曰"写成"日"，也跟最初一样没有改正过来。而且，抄本完成后并非交给悟真或其弟子，而是由抄经人保存下来，所以才有了后来发现的六种敦煌抄本，包括西夏文写本残片。抄写斯本的僧人（或俗人），在抄写过程中也许有时有人在旁边帮着念，所以才出现似方言（唐五代河西方言①）的口语形式而造成的口误情况。

　　北本与敦博本有不少相同之处，无论是字体还是书写格式都很接近，敦博本错误之处，北本也大多与之一样。就字体来说，举例如下："看心看净，却是障道因缘"中的"因"字，两者皆似"回"；"障自本性，却被净缚"中的"障""性""被"，敦博本和北本皆作"鄣"（通"障"）、"性"、"彼"，而斯本和旅博本皆作"章""姓""被"；北本的"明"字与敦博本的写法接近，左边的"日"多数也写成了"目"；对于"恼"字，敦博本似"拙"，北本也似"拙"。两本的书写格式也很相似，如在"识心见性，自成佛道。即时豁然，还得本心"中，"自成佛道"与"即时豁然"之间的空格两本都一样，而斯本和旅博本皆无空格；三归依后"已上三唱"，北本和敦博本皆为大写，且排成一行，而斯本和旅博本皆为小写，且排成两行（不过四弘誓愿后"三唱"和无相忏悔后"已上三唱"，四本却都一样，只是北本将此两处"唱"写成了"昌"）；"即见性成佛道。善知识，若欲入甚深法界"中"佛道"后有空格，只是敦博本空两格，北本空一格，而斯本和旅博本却无空格；"使君礼拜，又问：'弟见僧俗常念阿弥陀佛'"中"礼拜"与"又问"之间，以及其后"到如弹指。使君，但行十善"中"弹指"与"使君"之间，北本和敦博本皆有空格，而斯本和旅博本却无。两本漏抄或错误之处也相同，如"妄无处所"中"妄"，北本和敦博本皆无，而斯本和旅博本皆有；"从前恶行一时〔除〕"中"前恶"，北本和敦博本皆作"何西"，而斯本和旅博本皆作"前恶"。

---

① 参见邓文宽：《近年敦煌本〈六祖坛经〉整理工作评介》，广东新兴国恩寺编《〈六祖坛经〉研究》（四），北京：中国大百科全书出版社，2003年，第246页。

　　这似乎给人一种印象，北本有可能抄自敦博本。如果北本不是抄自敦博本而是直接抄自敦煌原本，为何错处几乎与敦博本一样？而敦博本又不是原本。但反过来也可以说是敦博本抄自北本，因为北本是卷轴本，抄写时间比敦博本更早。不过北本不完整，且最后明显有错抄和漏抄之处，敦博本显然不可能抄自北本。北本有些地方不同于敦博本，如"只缘境触"中"触"，敦博本作"解"，北本和斯本、旅博本皆作"触"；"何名波罗蜜"中的"波罗蜜"，敦博本作"般若波罗蜜"，北本和斯本、旅博本皆作"波罗蜜"。这说明北本也有不同于敦博本之处。是北本作了修改，还是两者都抄自同一部原始抄本？北本显然不是抄自敦博本，而是两本之前还有一本可能抄自敦煌原本的抄本，而这两本又抄自此抄本而非直接抄自敦煌原本。所以，两本漏抄或错误之处相同，说明共通的祖本也可能如此。

　　斯本和旅博本也有不少相同之处。就字体而言，两本都有共通之处，如通常将"明"抄成"朋"、"代"抄成"伐"，还常把"性"写成"姓"。两本的书写格式多数也是一样的，除了上面提到的与北本和敦博本的不同之处，其他地方有时也相同，如在"五祖乃谓众人曰：'此亦未得了'"中，"五祖乃谓众人曰"与"此亦未得了"之间，两本皆无空格，而敦博本则有（北本缺）；又如"常与惠（慧）能说一处无别"中"说"与"一处"之间，两本皆有空格，而敦博本则无（北本缺）；再如"能于岭上便传法惠顺。惠顺得闻"中两个"惠顺"，两本都写成"惠惠顺顺"，而敦博本则用重复号表示（北本缺）。旅博本不同于敦博本（包括北本）之处，斯本也大多与之相同，如在"外离一切相，是无相"中"是无相"，敦博本无（北本缺），而旅博本则有，斯本也有；"皮肉是色身，是舍宅，不在归也"中第二个"是"，敦博本和北本皆无，而旅博本则有，斯本也有。旅博本错误之处，斯本也多数与之一样[1]，如：

　　（1）"人"（"焚香偈前"），旅博本在"前"后加"人"，斯本也如此，而敦博本则无。

---

[1]　下面例子中，如果北本缺该内容，就不格外注明。

（2）"种"（"心口俱善，内外一种"），敦博本作"种"，斯本和旅博本皆作"众种"。

（3）"菩提"（"烦恼来菩提度"），敦博本作"菩提"，北本作"㙒"，斯本和旅博本皆作"菩萨"。

（4）"有"（"缘在人中有愚有智"），第一个"有"，敦博本和北本皆作"有"，而斯本和旅博本却作"有有"。

（5）"云"（"三世诸佛、十二部经"），斯本和旅博本皆在"十二部经"后加"云"，而敦博本和北本则无。

（6）"大大与少少（小小）对"（十二对法），斯本和旅博本皆有"大大与少少（小小）对"，而敦博本则无，惠昕本作"大与小对"，说明祖本可能也有"大与小对"，只是敦博本认为多了一对且意思与前面"老与少对"接近，于是将之删除了。

不过，斯本抄漏了不少，而旅博本没有斯本那么多错抄、漏抄之处。这同样给人一种印象，似乎斯本抄自旅博本，而不是旅博本抄自斯本。如果斯本抄自敦煌原本，而旅博本抄自斯本，那么斯本漏掉的地方，旅博本也应与之相同，而事实刚好相反。这似乎说明旅博本抄自原本，而斯本抄自旅博本，只是斯本抄写时有时有人用河西方言在旁边念，抄者听人念时便不看旅博本，因而出现根据读音而抄错的现象。不过，有时也不尽然，如"从何处来，持此经典"中的"典"，敦博本和斯本皆作"典"，而旅博本却作"曲"；在"法门无边誓愿学"中的"学"字，北本、敦博本和斯本皆作"孝（学）"，旅博本却作"觉"；在"天堂地狱"中的"堂"，北本、敦博本和斯本皆作"堂"，旅博本却作"空"。如果斯本抄自旅博本，则三处应分别是"曲""觉""空"，但斯本明显是"典""学""堂"。又如，"能大师言：'善知识，净（静）心念《摩诃般若波罗蜜法》'"中的"大"，敦博本和斯本皆作"大"，旅博本却作"大大"；敦博本和斯本皆有"蜜法"，旅博本却无。再如，"不求出离生死苦海"中的"生"，敦博本和斯本皆有，旅博本却无。又如，对于"法性起六识"的"六识"排列顺序，敦博本和斯本是一样的，即"眼识、耳识、鼻识、舌识、身识、意识"，而旅博本则将"舌识"和

"身识"作了对调。这与敦博本和北本的情况如出一辙，同样表明两本之前还有一本抄自敦煌原本的抄本即共通的祖本。

三种抄本中哪一本更早？三种抄本中只有旅博本注明了抄写年代，为"显德五年（958）己未岁三月十五日"，抄写的时间显然比较晚。据宇井伯寿考证，斯本从笔体来看当是唐末宋初（公元 960 年前后）的遗物。[①] 这说明斯本和旅博本几乎同时。敦博本抄写时间与前两本一样，也在唐末宋初。[②] 敦博本收集在禅宗五种经论合集中，排在了第四位，也许是抄经僧人先抄了前三种经论，发现敦煌本后再抄在了这里。如果敦煌当时还没有册子本，那么有可能最初用卷轴本抄写敦煌原本，等待后来出现册子本的时候再用册子本抄写，这说明三部册子写本出现的时间较晚。从内容上判断三本都不是抄自原本，可能之前还有卷轴本是其原抄本，不过这两种类型的原抄本即共通的祖本都已佚失。杨曾文认为，敦煌本（斯本）和敦博本不仅是抄自同一种《坛经》，而且从二者一些字句错误相同来看，所据的原抄本也有错，因为有相当多的错句是明显的笔误、疏忽，可见在二者所据抄本之前还有更早的《坛经》存在，这个本子不应有如此多的笔误和疏忽，不妨把这种《坛经》本子称为"敦煌原本"。[③] 日本学者伊吹敦在其《敦煌本〈坛经〉是否为传授本》一文中，将《坛经》各抄本源头作了简单的梳理，如图 2－1 所示[④]：

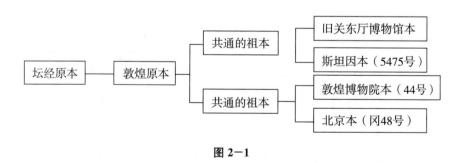

图 2－1

---

① 参见拾文：《〈敦煌写本坛经〉是"最初"的〈坛经〉吗?》，《法音》1982 年第 2 期。

② 参见杨曾文：《敦煌新本〈六祖坛经〉》，北京：宗教文化出版社，2001 年，第 235 页。

③ 杨曾文：《〈六祖坛经〉诸本的演变和慧能的禅法思想》，广东新兴国恩寺编《〈六祖坛经〉研究》（二），北京：中国大百科全书出版社，2003 年，第 221 页。

④ 参见［日］伊吹敦：《敦煌本〈坛经〉是否为传授本》，广东新兴国恩寺编《〈六祖坛经〉研究》（四），北京：中国大百科全书出版社，2003 年，第 139 页。

　　悟真或其弟子带到敦煌的《坛经》应为册子本，敦煌抄经人当时用卷轴本抄写成"共通的祖本"，正如方广锠所说："敦煌曾经存在过以标准的卷轴本形态抄写的《坛经》。"① 当敦煌地区出现册子本后，抄经人才用册子本对《坛经》进行抄写，而北本和北残本都是卷轴本，可能比其他三种册子本（包括西夏文残片）更早。方广锠认为，从北残本的情况来看，敦煌至少抄写过一号质量较好的卷轴本《坛经》，但恐怕这一件《坛经》根本就没有入藏藏经洞，自然不可能被发现。② 而且，两者类型的原抄本即共通的祖本都是卷轴本，也都没有入藏藏经洞。不过，敦煌原本是册子本，但同样没有入藏藏经洞，究竟是怎样散失的，不得而知。

　　三部册子本中敦博本是最好的，不仅字体工整，而且对祖本某些觉得不顺或有误之处也作了更改。例如，在"依法修行人，有大利益"中，斯本和旅博本皆有"人"，而敦博本却没有，或许考虑到应与前面"依此修行，不堕三恶"对称；又如，斯本和旅博本"见即来到，只到门前"，敦博本改为"见解只到门前"，认为这样更清楚；再如，在"语言与法相对有十二对"中，斯本和旅博本皆有"大大与少少（小小）对"（祖本可能是"大与小对"，只是字迹不清楚），而敦博本却没有，可能认为多了一对。但是，在其后的"自性起用对有十九对"中，敦博本却没有作出修改，也许没有注意到里面多了一对（共二十对），而且对"三身有三对"也是照抄；敦博本将"何名波罗蜜"改为"何名般若波罗蜜"，其后"故名波罗蜜"中却无"般若"，显然前面"般若"是加的，然却与后面不一致；将"如事佛故"改为"如是佛教"，其实是没有正确理解祖本之意。

　　旅博本抄写质量稍次，斯本最差且不认真仔细。斯本和旅博本常将"后代"的"代"写成"伐"，这是一般人都知道的常识，抄经者不应犯

① 方广锠：《关于敦煌本〈坛经〉》，广东新兴国恩寺编《〈六祖坛经〉研究》（四），北京：中国大百科全书出版社，2003年，第193页。
② 方广锠：《关于敦煌本〈坛经〉》，广东新兴国恩寺编《〈六祖坛经〉研究》（四），北京：中国大百科全书出版社，2003年，第194页。

这样的错误。两本都将慧能得法偈"明镜亦无台，佛性常清净"抄成了"朋镜亦无台，佛姓常清净"，偈中明显的"明""性"都写成了"朋""姓"，其他地方也常常如此。不过，敦博本也通常将"明"左边的"日"写成"目"，也许祖本字体比较潦草。如前所说，斯本抄写时似乎有时一人用方言念，一人抄写，因而出现错听而误写的情况。例如，"惠能来衣（于）此地，与诸官寮道俗，亦有累劫之因。教是先性（圣）所传，不是惠能自知。愿闻先性（圣）教者，各须净心闻了。愿自除迷，于（如）先代悟"，在此段中斯本将"于"听成了"衣"，"圣"听成了"性"（包括"凡与圣对"中的"圣"），"如"听成了"于"。然而，有时似乎听人念，有时又是抄写者自己看，如"悟"字，有时写成"吾"，有时又是"悟"；在"迷妄"一词中的"迷"字，有时写成"名"，有时又是"迷"；又如"依"，有时作"依"（如"不在归依也"），有时作"衣"（如"自归衣者""衣法修行是大乘""但衣法修行"），有时又作"于"（如"于此修行"）；再如，几处将"起"听成了"去"，有时又是"起"；又如"即知大师不久住世"中"知"和"久"前后不一，前面是"一时礼拜，即之大师不求住世"，后面是"门人出外思惟，即知大师不久住世"。又如下面一段"法达，吾常愿一切世人，心地常自开佛知见，莫开众生知见。世人心愚迷造恶，自开众生知见；世人心正，起智惠观照，自开佛智（知）见。莫开众生佛智（知）见，开佛智（知）见即出世"，在此段中"知"有时是"知"，有时又是"智"，其他地方有时也如此。不过，对于"性"与"姓"、"问"与"闻"、"依"与"衣"、"摩"与"磨"等互换，除了依方言念而误听，还有抄写所误的可能。据杨曾文核查，斯本漏抄了三行68字，使得前后句子难以连贯，如斯本"善知识，遇悟即成智"，而敦博本（包括旅博本）为"善知识，愚人智人，佛性本亦无差别，只缘迷悟；迷即为愚，悟即成智"，斯本缺18字，且将"愚"写成了"遇"，使人不知所云；而且斯本错字太多，虽经校勘也仍有难以读通之处，如斯本"但识佛心众生，即能识佛"中"佛心众生"使人难以理解，而敦博本（包括旅博本）为"但识众生，即能识佛"，可知"佛心"为误加。[1]

旅博本明显有抄错再涂抹的痕迹，其他两本也有改动的痕迹，不过敦博本最少。而且，斯本和旅博本有时字一样时便不再写，而用表示重复的符号代替，因而出现模糊不清的情况；如果是敦煌原本或祖本，一般不会这样。祖本虽也有别字、通假字，但法海等不至于修为如此差，连"明镜"也不懂。再说，如果不懂，当时慧能还在，也可以请问慧能。当然，祖本《坛经》也有不尽完美之处，一些字词和术语也漏掉、多写或写错了。例如，"邪正悉打却"后漏掉了一句，"三十六对法"中"十二对"和"十九对"分别多出了一对。又如，后面将"自性起用对有十九对"误写为"三身有三对"，三抄本皆如此，祖本很有可能就写错了。这也许是慧能讲法时集记者只是照着慧能所说而记录，而后也没有加以补漏或纠正。对于"十二对"和"十九对"中各自多了一对，可能慧能一时难以记清楚是否多说了，集记者只是照实而写，过后并没有认真整理。

总的来说，敦博本和北本相同之处（包括错误之处）甚多，可归于一种类型的抄本，只是北本不全，仅作参考，而斯本和旅博本可归于另一种类型的抄本。这两种类型的抄本都是在敦煌地区抄写的，因为敦煌写本文字的书写习惯是一致的，如删除符号作"卜"，重文符号作"ユ"，倒乙符号用"〵"，写漏了以小字的形式加在旁边，等等。因此，有两种不同类型的抄本可以进行对勘，以敦博本和旅博本为代表，一种是敦博本（包括北本），一种是旅博本（包括斯本），两者皆抄自各自共通的祖本。

（三）敦煌原本还原

虽然敦煌原本已散佚，但是，通过对敦煌本《坛经》两种类型抄本的互校，便可以基本还原敦煌原本的面貌，从而找回祖本《坛经》，尽

---

① 参见杨曾文：《中日的敦煌禅籍研究和敦博本〈坛经〉、〈南宗定是非论〉等文献的学术价值》，广东新兴国恩寺编《〈六祖坛经〉研究》（四），北京：中国大百科全书出版社，2003 年，第 105 页。

管《坛经》"本来面貌很难说"①。在对此两种类型抄本进行比对以还原敦煌原本的过程中，对于敦博本、旅博本、斯本不同或争议之处，本书除了参看了北本（包括北残本，如"更不归依余"的"余"字），还参照了惠昕本，因为惠昕本依据敦煌原本，只是作了一些修改，虽然对此有时难以判断是祖本的原貌还是惠昕进行了加工，但还是可以借鉴的。对于以上几本都无法作出判断时，本书也参考了大乘寺本，因为大乘寺本依惠昕原本还保留了敦煌原本的部分面貌。

通过对敦博本和旅博本（包括斯本）两种不同类型抄本的比较，根据句意或上下文，基本上就可以确定敦煌原本或祖本的原貌。例如，在"诸人息心，尽不敢呈偈"中的"诸人息心"，斯本和旅博本皆作"诸人息心"，敦博本却作"诸人识心"，根据句意这里应为"诸人息心"；"邪来正度，迷来悟度"中的"邪来正度"，敦博本无，而斯本和旅博本皆有，只是斯本作"邪见正度"，旅博本作"邪来正度"，根据后面的结构这里应依旅博本改。有时虽然不同类型抄本中两本内容相同，但也要根据具体情况来决定，如"忏者终身不作，悔者知于前非"中的"忏"字，敦博本和斯本皆无，旅博本作"忏悔"，根据句意应为"忏"；又如"若悟此法，一念心开，出现于世"中的"悟"字，旅博本作"悟"，而其余两本皆作"吾"，按理应为"吾"，通"悟"，但因后面敦博本错误较多，可能这里也错了，而斯本通常错误较多，所以这里还是以旅博本为准，才能与后面一致，因为此段后面都是"悟"（前面"识心见性，即悟大意"情况也相似）；又如"一切不离"后，斯本无"染"（可能漏抄了），而敦博本和旅博本皆有，惠昕本也有（"一切不染"），只是将"离"去掉了，可能祖本也有，疑为衍文，因而依斯本改。如果三本不同或都抄错了，同样也要根据句意和上下文确定其意，如在"学道之人作意，莫言先定后惠（慧），先惠（慧）后定，定惠（慧）各别"中，三本皆将"后"写成了"发"，根据前面的"先"字，这里应为"后"，

---

① 任继愈：《以禅宗方法整理〈坛经〉》，广东新兴国恩寺编《〈六祖坛经〉研究》（四），北京：中国大百科全书出版社，2003年，第4页。

可能祖本字迹不清楚，三本都抄错了。又如其后"心不住，即通流"中的"不住"，敦博本和旅博本皆作"在住"，斯本作"住在"（抄走神了），本应依前两本改（斯本也有"在"），但根据句意"在"应为"不"，也有可能祖本字迹不清楚。再如敦博本"若道失道意"、斯本"无诤失道意"，敦博本抄走神了，斯本与前句不合逻辑，而旅博本"若诤失道意"符合句意，也符合逻辑，说明原本是"若诤失道意"。

在对三本进行校对的同时，有时也可以参看北本。例如，"凡夫解脱"中的"脱"，三本皆无，北本却有，根据句意也知这里应加"脱"；"念念不被愚迷染"中最后一个"念"，三本皆无，北本（包括惠昕本）皆有，补上才能与后面一致；"大地山河"中的"河"，三本皆作"何"，北本却作"河"，可能祖本字体潦草；"后世得福罪元在"中的"在"，三本皆作"造"，而北本（包括惠昕本）却作"在"，根据句意应为"在"。这说明北本不仅时间更早，同时还作了一些改动。

除了参考北本，还应以惠昕本为主要参照。惠昕本以敦煌原本为底本进行改编，惠昕是第一位修改《坛经》的僧人。当时传到悟真时，惠昕得到了敦煌原本，但究竟是如何得到的，无从知晓。惠昕本有不少地方与敦博本和旅博本一致，如敦博本和旅博本"说即虽万般，合理还归一"，斯本为"说即须万般，合离还归一"，似乎听人念的，而惠昕本与前两本同；又如敦博本和旅博本"志诚曰：'不是。'六祖曰：'何以不是?'"斯本漏掉了，而惠昕本则有，只是改为"对曰：'不是。'师曰：'何得不是?'"对于三本不同或难以确定之处，可以根据惠昕本再作判断。例如：

（1）"救"（"福门何可救"），斯本和旅博本皆作"救"，敦博本作"求"，"救"和"求"在这里皆可，但究竟是哪一个？惠昕本是"救"（"福何可救"），"门"可能抄漏了，由此可知是"救"。

（2）"廊"（"秀上座三更于南廊中间壁上秉烛题作偈"），敦博本和旅博本皆作"廊"，斯本作"廊下"，而前面"遂向南廊下中间壁上题作呈心偈"中，三本皆有"下"字，按理这里应依斯本改，但惠昕本也作"廊"（"于南廊中间壁上"），可能祖本这里也无"下"，因而依敦博本和旅博本改。后面"童子引能至南廊"情况也如此。

（3）"至"（"五祖自送能至九江驿"），敦博本作"生"，斯本作"于"，旅博本作"至"，惠昕本也作"至"（"五祖相送，直至九江驿边"），可能敦博本将"至"看成了"生"，所以依旅博本改。

（4）"不"（"心不住法"），三本皆作"在"，而且很清楚，但根据句意应为"不"，可能祖本字迹模糊，惠昕本作"不"，所以这里应据惠昕本改。

（5）"颠"（"便执成颠"），斯本和旅博本皆作"颠"，敦博本作"颠倒"（可能说顺口了），惠昕本也是"颠"，因此原本应为"颠"。

（6）"身"［"惠（慧）能劝善知识归依身三宝"］，敦博本和旅博本皆有，斯本和北本皆无，惠昕本作"自性"（"劝善知识归依自性三宝"），据"身"所修改，因此这里依敦博本和旅博本改。

（7）"事"（"如事佛故"），敦博本和斯本皆作"是"（敦博本可能作了修改，而斯本也许是听人念的），旅博本作"事"，惠昕本也作"事"，因而依旅博本改。

（8）"中"（"三毒恶缘心中洗"），敦博本作"里"，斯本作"中"，旅博本作"重"，惠昕本作"中"（"离诸法相心中洗"），所以依斯本改，可能祖本字迹不清楚。

（9）"性无生灭"（"性无生灭，无去无来"），敦博本作"性无生灭"，斯本作"性德无生无灭"，旅博本作"性德无生灭"（"德"字加在旁边），惠昕本则作"法性本无生灭去来"，将"性"改成了"法性"，将后面"无生灭，无去无来"合成"本无生灭去来"，可能祖本是"性无生灭"，而且佛法无"性德无生灭"之说。

（10）"着"（"汝等着位坐，吾今共汝等别"），敦博本作"若"，斯本似"善"，旅博本似"着"，惠昕本作"著（着）"［"汝等各著（着）位坐"］，所以依惠昕本改才符合句意，可能祖本字体潦草。

（11）"不得见也"（"若不识众生，觅佛万劫，不得见也"），敦博本作"不可得也"，斯本作"不得见也"，旅博本作"不得也"；根据前面"但识众生，即能见佛"可知，只要"识众生"，就能见佛，"若不识众

生"，就不能见佛，因此斯本"不得见也"更符合句意，而惠昕本作
"万劫觅佛难逢"，"难逢"说明"难见"，与斯本"不得见也"意思接
近，可能旅博本抄漏了"见"字。

但是，惠昕本有时是作了修改的，所以要根据具体情况作出判断。例
如，"至十一月迎和尚神坐（座）于漕溪山"中的"坐"字，敦博本和旅
博本皆作"坐"，斯本作"座"，惠昕本也作"座"（"迎师神座"），究竟是
"坐"还是"座"？按理应为"座"，但斯本常将"坐"写成"座"，可能祖
本作"坐"，通"座"，而惠昕本作了改动。不过，若三本皆无而惠昕本却
有，说明祖本很可能也没有，只是惠昕本作了修改，可根据惠昕本补上。
例如，"除〔十〕恶即行十万"中第一个"十"，三本皆无，而惠昕本却
有，祖本很有可能也无；又如，"性在身心存，性去身〔心〕坏。佛是自
性作，莫向身〔外〕求"中最后一个"心"和后面的"外"，三本皆无，
唯惠昕本有，很可能祖本也没有，只是惠昕本作了改动。

对于四本（包括惠昕本）都无法作出判断时，可参看大乘寺本，因
为大乘寺本有些地方还有敦煌原本的痕迹。例如：

（1）"少"〔"惠（慧）能幼小，父少早亡"〕，敦博本作"亦"（但
"亦"字很小，且加在旁边），斯本作"小"，旅博本作"少"，惠昕本作
"又"，大乘寺本作"少"；可能祖本是"少"，只是字迹不清楚，所以斯
本抄成了"小"（斯本有时将"少"看成了"小"，如"看弟子有小智惠
识大意否"），敦博本把握不准，便根据句意写成了"亦"，字体很小，
且加在旁边，而惠昕本作了修改，只有大乘寺本与旅博本相同，因此依
旅博本改。

（2）"作"（"火急作"），敦博本作"作"，斯本和旅博本皆作"急"，
惠昕本作"速去"（"火急速去"），大乘寺本与敦博本一样也有"作"
（"火急便作"），因此依敦博本改。

（3）"唱"（"有一童子于碓坊边过，唱诵此偈"），敦博本无，斯本
和旅博本皆有，惠昕本作"倡"（"倡诵其偈"，可能抄错了），大乘寺本
也有（"唱诵其偈"），因而依斯本和旅博本改。

（4）"法"（"其夜受法，人尽不知，便传顿法及衣"），第二个

"法"，敦博本作"教"，惠昕本也作"教"（"便传顿教及衣钵"），斯本和旅博本皆作"法"，大乘寺本也作"法"（"便传心印顿法及衣钵"，"顿法"前加"心印"两字，可能有所改动），此句前面"其夜受法"和后面"法以心传心"中也都有"法"（顿法），因而据斯本和旅博本改。

（5）"汝"（"汝为六代祖"），敦博本和旅博本皆作"以"，斯本作"汝"，按理应依前两本改，但惠昕本也作"汝"（"云：'汝为第六代祖！'"），大乘寺本也作"汝"（"汝为第六代祖"），大乘寺本依惠昕原本加了"第"，而依敦煌原本没加"云"，所以据斯本改，根据句意也应为"汝"，可能祖本字迹模糊。

（6）"将衣"（"将衣为信禀"），敦博本作"将衣"，斯本和旅博本皆作"衣将"，惠昕本作"衣"（"衣为信禀"），按理应据斯本和旅博本改，才能与后面"法以心传心"一致，但大乘寺本也作"将衣"（"将衣为信禀"），而惠昕本可能有意将前面"将"删掉了，所以依敦博本改。

（7）"吾"（"迷人若得心开，与吾无别"），敦博本和斯本皆作"悟"，旅博本作"吾"，按理应依前两本改，但惠昕本和大乘寺本皆作"吾"，可能是把祖本"吾"误认为"我"，所以依旅博本改，通"悟"。

（8）"归"（"不在归也"），敦博本和旅博本皆作"归"，大乘寺本也作"归"（"不言归也"），斯本作"归依"，惠昕本也作"归依"（"不言归依也"），可能斯本是顺口写成的，而惠昕本作了修改，所以依敦博本和旅博本改。

（9）"三六十八"（"生六识，出六门，〔见〕六尘，三六十八"），敦博本为"三六十八"，斯本和旅博本皆为"是三六十八"，惠昕本（兴圣寺本）为"三六一十八"，大乘寺本则是"三六十八"，与敦博本同，因而依敦博本改。

附　录

一、北本和敦博本错误或漏抄、多写相同之处^①

1. "妄"（"妄无处所"），北本和敦博本皆无，而斯本和旅博本皆有。

2. "自"（"本性自净自定"），第二个"自"，北本和敦博本皆作"日（曰）"，而斯本和旅博本皆作"自"。

3. "本源"（"本源自性清净"），北本和敦博本皆作"本原"，旅博本作"本源"，斯本作"本愿"。

4. "自"（"自作自成佛道"），第一个"自"，北本和敦博本皆无，而斯本和旅博本皆有。

5. "当来"（"于自色身归依当来圆满报身佛"），北本和敦博本皆作"当身"，而斯本和旅博本皆作"当来"。

6. "在自"（"在自法性"），北本和敦博本皆作"自在"，而斯本和旅博本皆作"在自"。

7. "思量"（"思量一切恶事，即行于恶行"），北本和敦博本皆作"思惟"，下面却作"思量"，而斯本和旅博本皆作"思量"。

8. "自性"（"自性常清净"），北本和敦博本皆无，而斯本和旅博本皆有，不过斯本作"白姓（自性）"。

---

① 除北本、敦博本、斯本和旅博本四本错误皆同或漏抄、多写相同之处以外。

9. "是"（"皮肉是色身，是舍宅"），第二个"是"，北本和敦博本皆无，而斯本和旅博本皆有。

10. "邪来正度"（"邪来正度，迷来悟度"），北本和敦博本皆无，斯本作"邪见正度"，旅博本作"邪来正度"。

11. "讫"（"今既发四弘誓愿讫"），北本和敦博本皆作"说"，而斯本和旅博本（包括北残本）皆作"讫"。

12. "前恶"（"从前恶行一时〔除〕"），北本和敦博本皆作"何西"，而斯本和旅博本皆作"前恶"。

13. "今"（"前念后念及今念，念念不被愚痴染"），北本和敦博本皆无，而斯本和旅博本皆有。

14. "前"（"除却从前矫杂心"），北本和敦博本皆作"何"，而斯本和旅博本皆作"前"。

15. "疾"（"念念不被疽疾染"），北本和敦博本皆作"疫"，而斯本和旅博本皆作"疾"。

16. "忏"（"忏者终身不作"），北本和敦博本（包括斯本）皆无，旅博本作"忏悔"。

17. "坐"〔"莫（若）定心坐"〕，北本和敦博本皆作"禅"，斯本作"座"，旅博本作"坐"。

18. "愚"（"一时中念念不愚""一念愚即般若绝"），北本和敦博本皆作"思"，而斯本和旅博本皆作"愚"。

19. "行"（"念念若行"），北本和敦博本皆作"不行"，多写了"不"，而斯本和旅博本皆作"行"。

20. "中"（"三世诸佛从中出"），北本和敦博本皆作"口"，斯本作"口中"，旅博本作"中"。

21. "忆"（"即是无念、无忆、无着"），北本和敦博本（包括斯本）皆作"亿"，旅博本则作"忆"。

22. "小"（"小根智人若闻法""小根之人闻说此顿教""犹如大地草木根性自小者""小根之人，亦复如是"），北本和敦博本（包括斯本）皆作"少"，而旅博本除了"小根智人若闻法"中

"小"作"少"外，其余皆作"小"。

23. "般若"（"故知本性自有般若之智"），北本和敦博本皆作"本性"，而斯本和旅博本皆作"般若"。

24. "之"（"有般若之智之〔人〕与大智之人"），第二个"之"，北本和敦博本皆无，而斯本和旅博本皆有。

25. "故"（"是故以教法流行后代"），北本和敦博本皆作"顿"，而斯本和旅博本皆作"故"。

26. "不着一切法"（"见一切法，不着一切法"），北本和敦博本皆无，而斯本和旅博本皆有。

27. "法"（"后代得吾法者"），北本和敦博本皆无，而斯本和旅博本皆有。

28. "事""故"（"如事佛故"），北本和敦博本皆作"是"和"教"，斯本分别作"是"和"故"，旅博本却分别作"事"和"故"。

29. "大"（"若悟大乘真忏悔"），北本和敦博本皆作"六"，而斯本和旅博本皆作"大"。

30. "中"（"三毒恶缘心中洗"），北本和敦博本皆作"里"，斯本作"中"，旅博本作"重"。

31. "祖"（"法可不如是西国第一祖达摩祖师宗旨"），第一个"祖"，北本和敦博本皆作"师"，而斯本和旅博本皆作"祖"。

32. "田"（"非在于福田"），北本和敦博本皆无，而斯本和旅博本皆有。

33. "德"（"平直是德"），北本和敦博本皆无，斯本则有，旅博本作"佛姓"。

34. "者"（"佛性者外行恭敬"），北本和敦博本（包括斯本）皆无，旅博本则有。

35. "虚妄"（"自性虚妄，法身无功德"），北本和敦博本皆作"无功德"，而斯本和旅博本皆作"虚妄"。

36. "生"（"生西者所在处并皆一种心地"），北本和敦博本（包括斯本）皆无，旅博本则有。

37. "弹"（"到如弹指"），北本和敦博本（包括斯本）皆作"禅"，旅博本则作"弹"。

38. "达"（"如何得达"），北本和敦博本皆作"但"，而斯本和旅博本皆作"达"。

二、北本不同于敦博本之处

1. "是"（"看却是妄也"），北本无，敦博本、斯本和旅博本皆有。

2. "非"（"开口即说人是非"），北本无，其余三本皆有。

3. "障"（"看心看净，却是障道因缘"），北本和敦博本两者"因"字的字体一样，而"障"字的写法却不同，敦博本作"障"，北本却作"鄣"。

4. "触"（"只缘境触"），敦博本作"解"，北本和其余两本皆作"触"。

5. "令""佛"（"令善知识见自三身佛"），北本作"今"（其他有些地方也如此），其余三本皆作"令"，而敦博本无"佛"字，北本和其余两本皆有。

6. "于"（"于自色身归依清净法身佛"），敦博本无，北本和其余两本皆有。

7. "自"［"不见自色身中三世（身）佛"］，北本无，其余三本皆有。

8. "在自性"（"世人性本自净，万法在自性"），敦博本作"自性在"，斯本作"在自姓"，而北本和旅博本皆作"在自性"。

9. "智如月"［"惠（慧）如曰，智如月"］，北本无，其余三本皆有。

10. "妄"（"妄念浮云盖覆"），北本作"忘"，其余三本皆作"妄"。

11. "在自性"（"一切法在自性"），北本作"自在性"，斯本作"自在姓"，而敦博本和旅博本皆作"在自性"。

12. "不思量"（"不思量，性即空寂"），北本作"不可思量"，其余三本皆作"不思量"。

13. "誓"（"众生无边誓愿度"，包括其他有"誓"的句子），敦博本似"檐"，北本和其余两本皆作"誓"。

14. "唱"〔四弘誓愿后"三唱"和无相忏悔后"已（以）上三唱"〕，北本作"昌"，其余三本皆作"唱"。

15. "自度"（"各于自身自性自度"），北本无"自度"，敦博本无"度"，而斯本和旅博本皆有。

16. "菩提"〔"烦恼来菩提度""即烦恼是菩提""今（令）学道者顿悟菩提""不退菩提"〕，敦博本作"菩提"，北本作"薳"，其余两本有所不同。

17. "自"（"即自悟佛道成"），北本无，其余三本皆有。

18. "既"（"今既发四弘誓愿讫"），敦博本作"即"，北本和其余两本皆作"既"。

19. "念""愚"（"念〔念〕不被愚迷染"），第二个"念"，北本有，其余三本皆无；"愚"字，北本作"遇"，其余三本皆作"愚"。

20. "悔"（"今既忏悔已"），敦博本无，北本和其余两本皆有。

21. "身"〔"惠（慧）能劝善知识归依身三宝"〕，敦博本和旅博本皆有，北本和斯本皆无。

22. "觉"（"自心归依觉"），北本无，其余三本皆有。

23. "归"（"自性不归"），北本作"归依"，其余三本皆作"归"。

24. "法"（"与善知识说摩诃般若波罗蜜法"），北本无，其余三本皆有。

25. "河"（"大地山河"），北本作"河"，其余三本皆作"何"。

26. "及"（"见一切人及非人"），北本无，其余三本皆有。

27. "如"〔"不可染着，由（犹）如虚空"〕，北本无，其余三本皆有。

28. "中"（"心中常愚"），北本无，其余三本皆有。

29. "波罗蜜"（"何名波罗蜜"），敦博本作"般若波罗蜜"，北本和其余两本皆作"波罗蜜"。

30. "最尊"（"最尊最上第一，无住无去无来"），北本无，其余三本皆有。

31. "到"〔"将大智惠（慧）到彼岸"〕，北本作"倒"，其余三本皆作"到"。

32. "乘"（"赞最上乘法"），北本作"大乘"，敦博本作"乘"，而斯本和旅博本皆作"最上乘"。

33. "为"（"为世人有八万四千尘劳"），北本无，其余三本皆有。

34. "深"（"若欲入甚深法界"），北本作"深心"，其余三本皆作"深"。

35. "于"（"雨于阎浮提"），北本无，敦博本作"提"，斯本作"衣"，旅博本作"于"。

36. "增"（"雨放大海，不增不减"），敦博本作"曾"，北本和其余两本皆作"增"。

37. "譬"（"譬如其雨水，不从天有"），敦博本作"辟"，北本和其余两本皆作"譬"。

38. "此"（"小根之人闻说此顿教"），北本无，其余三本皆有。

39. "悉""倒"（"若被大雨一沃，悉皆自倒"），"悉"字，敦博本作"迷"，北本作"速"，斯本和旅博本皆作"悉"，而"倒"字，敦博本和斯本皆作"到"，北本和旅博本皆作"倒"。

40. "若"（"有般若之智之〔人〕与大智之人"），北本无，其余三本皆有。

41. "之"（"般若之智亦无大小"），北本无，其余三本皆有。

42. "小"（"未悟自性，即是小根人"），北本作"少"，其余三本皆作"小"。

43. "与"（"即与《般若波罗蜜经》本无差别"），北本作"以"，其余三本皆作"与"。

44. "心"（"故知一切万法，尽在自身心中"），北本无，其余三本皆有。

45. "菩萨""云"（"《菩萨戒经》云"），"菩萨"两字，北本只有两个"艹"，其余三本皆作"菩萨"，而"云"字，北本作"云云"，其余三本皆作"云"。

46. "一闻"（"我于忍和尚处一闻"），北本作"闻一"，其余三本皆作"一闻"。

47. "示""道"（"须觅大善知识示道见性"），敦博本在"示"与"道"之间有空格，北本和其余两本皆无。

48. "乘"（"解最上乘法"），北本作"大乘"，其余三本皆作"乘"。

49. "惠"["以智惠（慧）观照"]，北本作"慧"，其余三本皆作"惠"。

50. "若"（"来去自由，即是般若三昧"），北本无，其余三本皆有。

51. "界"（"见诸佛境界"），北本无，其余三本皆有。

52. "不"（"若不同见解"），北本无，其余三本皆有。

53. "谤"（"谤此法门"），北本似"份"，其余三本皆作"谤"。

54. "颂"（"亦名《灭罪颂》。颂曰"），第二个"颂"，北本无，其余三本皆有。

55. "愚"（"愚人修福不修道"），敦博本作"遇"，北本和其余两本皆作"愚"。

56. "在"（"后世得福罪元在"），北本作"在"，其余三本皆作"造"。

57. "忽然虚度一世休"（"努力修道莫悠悠，忽然虚度一世休"），北本无，其余三本皆有。

58. "遇"（"若遇大乘顿教法"），北本作"愚"，其余三本皆作"遇"。

59. "官"["韦使君、官寮（僚）、僧众、道俗赞言无尽"]，北本无，其余三本皆有。

60. "'问和尚，望意和尚大慈大悲，为弟子说。'大师言：'有疑即问，何须再'"，北本无，其余三本皆有。

61. "达摩"（"达摩答言"），敦博本作"达摩"，北本和其余两本皆作"达磨"。

62. "自"（"自修心即德"），北本无，其余三本皆有。

63. "得"（"得生彼否"），北本和斯本皆作"德"，敦博本和旅博本皆作"得"。

64. "不"（"经文分明，去此不远"），北本作"否"，其余三本皆作"不"。

65. "净"（"但无不净"），北本无，其余三本皆有。

66. "法"（"若悟无生顿法"），北本作"法者"，其余三本皆作"法"。

67. "方"（"见西方只在刹那"），北本作"方方"，其余三本皆作"方"。

68. "性"（"性去王无"），北本作"法"，其余三本皆作"性"。

69. "坏"（"性去身〔心〕坏"），北本作"怀"，其余三本皆作"坏"。

70. "即""佛"（"自性悟，众生即是佛"），北本无，其余三本皆有。

71. "即是"（"烦恼即是波浪"），北本无，其余三本皆有。

三、斯本似方言或误听之处①

1. 曾→僧（"实未僧转《法华》"）

2. 持→时〔"且秀禅师于南荆苻（府）堂（当）阳县玉泉寺住时修行"〕

3. 触→独〔"色、声、香、未（味）、独、法是"〕

4. 次→此（"立有渐此"）

5. 当→堂〔"且秀禅师于南荆苻（府）堂阳县玉泉寺住时（持）修行"〕

6. 得→德〔"德生彼否""所听德意旨""秀师处不德契悟""作无所德""须德上恨（根）知（智）""违立不德者"〕

7. 弟→定（"非南宗定子也"）

8. 定→弟（"弟佛教是非"）

9. 帝→谛〔"弟子见说达磨（摩）大师伐（化）梁武谛"〕

---

① 除错抄及与敦博本、旅博本错误相同之处以外。不过，有时难以判断究竟是误听还是错抄，"姓（性）"字便是一例，该字在书中多次出现，就不列入此附录了。至于与敦博本、旅博本错误相同之处，如果三本皆同，就不列入该附录；如果与其中一本如旅博本相同，有时难以确定是否由误听所致，因而有些也列入了本附录。

10. 府→苻［"且秀禅师于南荆苻堂（当）阳县玉泉寺住时（持）修行"］

11. 根→恨［"五叶逐恨随""须德（得）上恨知（智）"］

12. 花→化（"地上种化生"）

13. 化→花（"本从花身生净性""净性常在花身中""性使花身行正道""奄然迁花"）

14. 即→吉（"除邪行正吉无罪"）

15. 记（际）→既（"即落无既空"）

16. 见→现［"顿现真如本姓（性）"］

17. 现→见［"于自姓（性）中万法皆见"］

18. 令→今［"今学道者顿悟（悟）菩提""今诸（知）蜜（密）意"］

19. 静→净（"但无动无净"）

20. 境→竟［"着竟生灭去（起）"］

21. 境→敬［"于外看（着）敬"］

22. 境→镜［"于一切镜上不染""于自念上杂（离）镜""即缘名（迷）人于镜上有念""不染万镜"］

23. 久→求［"一时礼拜，即之（知）大师不求住世"］

24. 救→求（"求度世人须自修"）

25. 理→离（"合离还归一"）

26. 岭→领（"弟子是领南人""汝是领南人"）

27. 留→流（"不如流此偈"）

28. 卖→买（"于市买柴"）

29. 迷→名［"即缘名人于镜（境）上有念""为名不见""吹却名妄""自色身中邪见、烦恼、愚痴、名妄""更不归衣（依）｛余｝邪名外道""邪名不生""又有名人""令汝名者罪灭""名悟有殊""为名人故""汝自名不见自心""传教救名清（情）"］

30. 迷→朋（明）（"朋即渐劝"）

31. 名→朋（明）（"何朋为相"）

32. 明→名［"心名便悟""日月常名""上名下暗""智惠（慧）常名""吹却名（迷）妄，内外名彻""愿自（乞）三宝慈悲灯（证）名""经中分名赞叹""以智惠（慧）观照，内外名彻""着空即（则）惟长无名""以名故暗""以名变暗"］

33. 魔→摩（"邪见三毒是真摩""邪见之人摩在舍""即是摩王来住舍""摩变成佛真无假"）

34. 起→去［"难去在后""念上便去邪见""念不去为座（坐）""着竟（境）生灭去""莫去谁（杂）妄"］

35. 清→青［"佛姓（性）常青净"］

36. 情→清［"此法同无清""有清〔与〕无亲（情）对""传教救名（迷）清"］

37. 如→于（"于先代悟"）

38. 如→汝［"今记（既）汝是"］

39. 汝→如（"吾与如一偈"）

40. 汝→与［"吾向与说""吾闻与禅师教人佳（唯）传戒、定、惠（慧）""与和尚教人戒定惠（慧）如何""使与安乐""无入（人）教与""与等尽诵取""五（吾）今共与等别"］

41. 与→汝［"汝悟无别""汝善知识说""便汝法达说《法华经》""见此偈意，汝吾（悟）同"］

42. 以→汝［"是故汝教法流行后伐（代）""佳（唯）汝一大事因缘故"］

43. 深→心（"心信佛法"）

44. 圣→性（"教是先性所传""愿闻先性教者""凡与性对"）

45. 性→圣（"迷却汝圣"）

46. 时→是（"即是豁然"）

47. 示→是［"直是正路""是旨衣（于）凡度"］

48. 事→是（"生死是大""如是佛故""莫知何是""是须有方便""即一大是因缘"）

49. 世→性（"不见自色身中三性佛""悟即眼前见性尊"）

50. 性→世（"各自世中真忏悔""同见佛世"）

51. 识→息（"莫不息法意"）

52. 虽→须（"说即须万般""须求此法"）

53. 题→提（"于西间壁上提着"）

54. 听→体（"总须自体"）

55. 脱→说（"望得解说"）

56. 味→未［"色、声、香、未、独（触）、法是"］

57. 文→闻［"经闻公（分）朋（明），无有余乘"］

58. 闻→问［"惠（慧）〔能〕问已，即识大意""座下问说""昔所未问""吾问即之（知）""六祖问已"］

59. 问→闻［"乃闻客日（曰）""欲闻和尚""有议（疑）即闻""闻四乘法义""智常闻和尚日（曰）""法海闻言"］

60. 吾→五［"五至八月欲离世间""听五与汝颂（诵）""五今共与（汝）等别""五今教汝识众生见佛"］

61. 五→吾（"性中但自离吾欲"）

62. 五→悟（"悟祖处分"）

63. 吾→悟［"后伐（代）得悟法者""听悟说《无相讼（颂）》""悟我不断""｛如｝汝听悟说""看悟所见处""悟常愿一切世人""莫问悟也"］

64. 悟→吾（"若吾大意者""即吾大意""得吾自〔性〕""〔若〕吾此法""自吾花情种""一念吾若平""今生若吾顿教门"）

65. 悟→伍［"惠（慧）能一闻，言下便伍""我于忍和尚处一闻，言下大伍"］

66. 悟→俉［"今（令）学道者顿俉菩提"］

67. 悉→疾（"邪正疾不用"）

68. 县→悬（"我于蕲州黄梅悬"）

69. 心→生［"正见忽则（除）三毒生"］

70. 行→幸（"万幸俱备"）

71. 衣→于（"欲求于法""欲传于法""夺于法""嘿然而付于法"）

72. 于→衣〔"｛来｝惠（慧）能来衣此地""令善知识衣自色身见自
法性有三世（身）佛""即行衣恶〔行〕""雨衣阎浮提""若见
衣真者""是（示）旨衣凡度"〕

73. 依→衣〔"于自色身归衣清净法身佛""于自色身归衣千百亿化
身佛""于自色身归衣当来圆满报身佛""自归衣者，除〔不善
心及〕不善行，是名归衣""即名归衣也""归衣觉，两足尊"
"归衣正，离欲〔尊〕""归衣净，众中尊""更不归衣｛余｝邪名
（迷）外道""惠（慧）能劝善｛善｝知识归衣〔身〕三宝""受
三归衣戒""今既自归衣三宝""衣此修行，常与惠（慧）能说
一处无别""以此为衣约""衣法修行是大乘""但衣法修行"〕

74. 依→于（"有所于约""秀上座得法后自可于止""于此修行，即
不堕落""凡夫于此偈修行""汝但于一佛乘""于此修行，不
失宗旨"）

75. 疑→议〔"有议即闻（问）"〕

76. 义→语（"即共论佛语"）

77. 意→亿（"但悟三身，即识大亿"）

78. 由→油（"用油何等？油自性"）

79. 愚→遇（"遇〔人智人〕""若遇人不解"）

80. 元→愿〔"当本（来）愿无地"〕

81. 圆→愿（"当来愿满真无穷"）

82. 源→愿〔"本愿白（自）姓（性）清净""我本愿自姓（性）清
净"〕

83. 证→灯〔"愿自（乞）三宝慈悲灯名（明）"〕

84. 之→知〔"灯是光知体""恶知与善""正见知人佛则（即）过"〕

85. 知→之〔"故之大错""虽即见闻觉之""吾问（闻）即之""一
时礼拜，即之大师不求（久）住世"〕

86. 知→智〔"善智识，惠（慧）能与道俗作《无相颂》""善智识，
汝等尽诵取此偈""生佛在此，谁能得智""自开佛智见""莫

开众生智见""开佛智见即出世""开佛智见转《法华》""开众生智见被《法华》转"]

87. 智→知［"见一念善，知惠（慧）即生""觉知生般若""将大知惠（慧）到彼岸""用知惠（慧）观照，于一切法不取不舍""自用知惠（慧）观照，不假文字""须德（得）上恨（根）知"]

88. 智→志（"志通"）

89. 智→诸［"汝〔师〕戒定惠（慧）劝小根诸人"]

90. 知→诸［"善诸识，此法门中""今（令）诸蜜（密）意"]

91. 之→诸［"大师灭度诸田（日）"]

92. 旨→指（"若论宗指"）

93. 至→知［"五祖夜知三更""一悟即知佛也（地）"]

94. 中→众（"性众邪见三毒生"）

95. 种→众（"无情无佛众"）

96. 种→重（"人自两重"）

97. 竺→竹（"南天竹国王子第三〔太〕子菩提达摩第三十五"）

98. 坐→座［"于一切时中行住座卧""真（直）心座不动""若座不动是，维摩诘不合呵舍利弗宴座林中""又见有人教人座""莫（若）定心座""和尚座禅""汝等尽座""汝等善（着）位座"]

四、大乘寺本依惠昕原本保留法海本之处①

1. 法海本：左降迁流〔岭〕南新州百姓
   惠昕本：左降流于岭南，作新州百姓
   大乘寺本：左降岭南新州百姓

2. 法海本：父少早亡
   惠昕本：父又早亡

---

① 兴圣寺本不同于惠昕本时才单独标出。下划线表示大乘寺本与法海本相同或相近之处，着重号表示惠昕本或兴圣寺本依惠昕原本保留法海本之处。

大乘寺本：父少早亡

3. 法海本：弟子是岭南人，新州百姓

惠昕本：弟子是岭南新州百姓

大乘寺本：弟子是岭南人，新州百姓

4. 法海本：大师遂责惠（慧）能曰："汝是岭南人，又是獦獠，若为堪作佛！"

惠昕本：五祖言："汝是岭南人，又是獦獠，若为堪作佛！"

大乘寺本：五祖责曰："汝是岭南人，又是猎獠，若为堪作佛！"

5. 法海本：汝等自性迷，福门何可救？

惠昕本：自性若迷，福何可救？

大乘寺本：汝自性迷，福何可救？

6. 法海本：有知惠（智慧）者自取本性般若之知（智）

惠昕本：智慧取自本心般若之性

大乘寺本：有智慧者取自本心般若之性

7. 法海本：各作一偈呈吾。吾看汝偈，若悟大意者

惠昕本：各作一偈来呈吾看，若悟大意

大乘寺本：各作一偈来呈吾看，汝等偈若悟大意

8. 法海本：火急作

惠昕本：火急速去

大乘寺本：火急便作

9. 法海本：秀上座得法后自可依止

惠昕本：我等已后依止秀师

大乘寺本：我等自可依止神秀

10. 法海本：诸人不呈心偈

惠昕本：诸人不呈偈者

大乘寺本：诸人不呈心偈意者

11. 法海本：大师堂前有三间房廊

惠昕本：五祖堂前有步廊三间

大乘寺本：五祖堂前有三间步廊

12. 法海本：<u>唱诵此偈</u>

   惠昕本：倡诵其偈

   大乘寺本（包括契嵩本和宗宝本）：唱诵其偈

13. 法海本：便传<u>顿法</u>及衣："汝为六代祖！"

   惠昕本：便传顿教及衣钵，云："汝为第六代祖！"

   大乘寺本：便传心印<u>顿法</u>及衣钵："汝为第六代祖！"（无"云"）

14. 法海本：<u>将衣为信禀</u>

   惠昕本：衣为信禀

   大乘寺本：<u>将衣为信禀</u>

15. 法海本：教是<u>先圣所传</u>

   惠昕本：教是先代圣传

   大乘寺本（包括契嵩本和宗宝本）：教是<u>先圣所传</u>

16. 法海本：<u>口说善</u>，心不善，惠定（定慧）不等

   惠昕本：口说善语，心中不善，空有定慧，定慧不等

   大乘寺本：<u>口说善</u>，心中不善，定慧不等（无"语""空有定慧"）

17. 法海本：<u>即有数百</u>般如此教道者

   惠昕本：如此者众矣。如是相教

   大乘寺本：<u>即有数百</u>人如是相教

18. 法海本：<u>是以无相为体</u>

   惠昕本：（无）

   兴圣寺本：此是以无相为体

   大乘寺本：<u>是以无相为体</u>（无"此"）

19. 法海本：<u>莫百物不思，念尽除却</u>

   惠昕本：（无）

   兴圣寺本：若百物不思，念尽除却

   大乘寺本：<u>莫百物不思，念尽除却</u>

20. 法海本：真如是念之体，<u>念是真如之用</u>

   惠昕本：（无）

　　　　兴圣寺本：真如即是念之体，念即是真如之用

　　　　大乘寺本：真如即是念之体，<u>念是真如之用</u>（无"即"）

21.　敦煌本：亦不<u>言</u>动

　　　惠昕本：（无）

　　　兴圣寺本：亦不是不动

　　　大乘寺本：亦不<u>言</u>不动

22.　法海本：离<u>妄</u>念，本性净

　　　惠昕本：（无）

　　　兴圣寺本：但元无想，性自清净

　　　大乘寺本（包括契嵩本和宗宝本）：但无<u>妄</u>想，性自清净

23.　法海本：本源<u>自性</u>清净

　　　惠昕本：（这里无，后面与大乘寺本同）

　　　兴圣寺本：我本元自清净

　　　大乘寺本（包括宗宝本）：我本元<u>自性</u>清净（契嵩本为"我本
　　　　　性元自清净"）

24.　法海本：不在<u>归</u>也

　　　惠昕本：不言归依也

　　　大乘寺本：不言<u>归</u>也（无"依"）

25.　法海本：<u>一时逐惠</u>（慧）能道

　　　惠昕本：（无）

　　　大乘寺本：<u>一时逐某甲道</u>

26.　法海本：<u>三唱</u>

　　　惠昕本：（无）

　　　大乘寺本：已上<u>三</u>遍唱

27.　法海本：<u>自心除虚妄</u>

　　　惠昕本：将自性般若智，除却虚妄思想心是也

　　　大乘寺本：<u>自性除</u>却虚妄思想心是也（无"将……般若智"）

28.　法海本：<u>与善知识无相忏悔</u>三世罪障

　　　惠昕本：今与善知识授无相忏悔，灭三世罪

大乘寺本：今与善知识无相忏悔，灭除心中河沙积劫罪（无
　　　　　"授"）

29. 法海本：前念后念及今念，念〔念〕不被愚迷染
　　惠昕本：各随语一时道：弟子等，从前念、今念及后念，念念
　　　　　不被愚迷染
　　大乘寺本：前念后念及今念，念念不被愚迷染

30. 法海本：从前恶行一时〔除〕，自性若除即是忏〈悔〉
　　惠昕本：从前所有恶业、愚迷等罪，悉皆忏悔，愿一时消灭，
　　　　　永不复起
　　大乘寺本：从前恶念一时除，自性自除真忏悔

31. 法海本：前念后念及今念，念念不被愚痴染
　　惠昕本：弟子等，从前念、今念及后念，念念不被憍诳染
　　大乘寺本：前念后念及今念，念念不被诳妄染

32. 法海本：除却从前矫杂心，永断名为自性忏
　　惠昕本：从前所有恶业、憍诳等罪，悉皆忏悔，愿一时消灭，
　　　　　永不复起
　　大乘寺本：除却从前憍慢心，永断名为自性忏

33. 法海本：前念后念及今念，念念不被疽疾染
　　惠昕本：弟子等，从前念、今念及后念，念念不被疽妒（兴圣
　　　　　寺本为"妒"）染
　　大乘寺本：前念后念及今念，念念不被疽妒染

34. 法海本：除却从前疾垢心，自性若除即是忏
　　惠昕本：所有恶业、疽妒（兴圣寺本为"妒"）等罪，悉皆忏
　　　　　悔，愿一时消灭，永不复起
　　大乘寺本：除却从前疽妒心，永断名为自性忏

35. 法海本：已（以）上三唱
　　惠昕本：已上是无相忏悔
　　兴圣寺本（包括契嵩本和宗宝本）：已上是为无相忏悔
　　大乘寺本：已上三遍唱

36. 法海本：与善知识受（授）无相三归依戒

惠昕本：更与善知识授无相三归依戒

大乘寺本：更与善知识受无相三归依

37. 法海本：更不归依邪迷外道

惠昕本：更莫归依邪魔外道

大乘寺本：更莫归余邪迷外道

38. 法海本：万法尽是（在）自性

惠昕本：万法在善知识性中

兴圣寺本：万法在善

大乘寺本：万法在自性中

39. 法海本：见一切人及非人、恶之与善、恶法善法，尽皆不舍，不可染着

惠昕本：若见一切人，恶之与善，尽皆不取不舍，亦不染着

兴圣寺本：（无）

大乘寺本：若见一切，恶之与善，尽皆不舍，亦不染着（无"不取"）

40. 法海本：唐言彼岸到

惠昕本：此言到彼岸

兴圣寺本：（无）

大乘寺本：汉言到彼岸（"唐言"与"汉言"意思接近）

41. 法海本：若欲入甚深法界，入般若三昧者

惠昕本：若欲入甚深法界及般若三昧者

大乘寺本：若欲入甚深法界，入般若三昧者

42. 法海本：元是龙王于江海中将身引此水

惠昕本：元是龙能兴致

大乘寺本：元是龙王于江海中将身搅上

43. 法海本：有般若之智之〔人〕与大智之人，亦无差别

惠昕本：元有般若之智与大智人，更无差别

大乘寺本：有般若之智与大智之人，更无差别（无"元"）

44. 法海本：<u>闻其顿教</u>，不信外修

惠昕本：若开悟顿教，不执外修

大乘寺本：<u>闻其顿法</u>，不执外修

45. 法海本：<u>莫</u>（若）百物不思，当令念绝

惠昕本：若百物不思，当令念绝

大乘寺本：<u>莫</u>百物不思，当令念绝

46. 法海本：<u>将此顿教法门同见同行</u>

惠昕本：将此顿教法门于同见同行

大乘寺本：<u>将此顿教法门同见同行</u>（无"于"）

47. 法海本：<u>终身受持</u>而不退者

惠昕本：终身而不退者

大乘寺本：终身受持而不退者

48. 法海本：从上已（以）来，嘿然而付衣法

惠昕本：从上以来，默传分付

大乘寺本：从上已来，默传分付

49. 法海本：若解<u>向</u>心除罪缘

惠昕本：但得心中除罪缘

兴圣寺本：但<u>向</u>心中除罪缘

大乘寺本：但<u>向</u>心中除罪缘

50. 法海本：即与悟人同<u>一例</u>

惠昕本：即与诸佛同一类

大乘寺本：即与诸佛同<u>一例</u>

51. 法海本：虔诚合掌志（至）心求

惠昕本：虔恭合掌至心求

大乘寺本：虔恭合掌志心求

52. 法海本：<u>使君闻</u>（问）："法可不如是西国第一祖达摩祖师宗旨?"大师<u>言</u>："是。"

惠昕本：韦公曰："和尚所说，可不是达磨大师宗旨乎?"师曰："是。"

大乘寺本：<u>使君曰</u>："和尚所说，可不是达磨大师宗旨？"师<u>言</u>："是。"（无"乎"）

53. 法海本："朕一生<u>已（以）来</u>，造寺、布施、供养，有功德否？"

惠昕本："朕一生造寺、供僧、布施、设斋，有何功德？"

大乘寺本："朕一生<u>已</u>来，造寺、供僧、布施、设斋，有何功德？"

54. 法海本：自法性有功德，<u>平直</u>是德

惠昕本：见性是功，平等是德

大乘寺本：见性是功，<u>平直</u>是德

55. 法海本：使君，东方但净心无罪，<u>西方心不净有愆</u>

惠昕本：使君，东方人但心净即无罪，虽西方人心不净亦有愆（兴圣寺本作"愆"）

大乘寺本：师言："东方人但<u>净心无罪，西方人心不净有愆</u>"（无"即""虽""亦"）

56. 法海本：<u>六祖言</u>："惠（慧）能与使君移西方刹那间，目前便见。"

惠昕本：惠能与诸人移西方如刹那间，目前便见

大乘寺本：<u>师言</u>："某甲与诸人移西方如刹那间，目前便见。"

57. 法海本：<u>使君礼拜</u>："若此得见，何须往生！"

惠昕本：皆顶礼言："若此处见，何须更愿往生！"

大乘寺本：<u>使君顶礼言</u>："若此处见，何须更愿往生！"

58. 法海本：大师言："<u>一时见西方无疑。即散</u>！"

惠昕本：（无）

大乘寺本：师言："徒众用心，<u>一时得见西方无疑。即散</u>！"

59. 法海本：邪心即<u>是</u>海水

惠昕本：邪心即海水

兴圣寺本：邪心是海水（惠昕原本可能是"邪心即是海水"）

大乘寺本（包括契嵩本）：邪心<u>是</u>海水（宗宝本为"贪欲是海水"）

60. 法海本：<u>照破六欲诸天</u>

惠昕本：能破六欲诸天

大乘寺本：照破六欲诸天

61. 法海本：下照三毒若除，地狱一时消灭

　　惠昕本：自性内照，三毒即除，地狱等罪，一时消散

　　大乘寺本：内照三毒若除，地狱一时消散

62. 法海本：应是迷人了然便见

　　惠昕本：曰："但是迷人了然见性。"

　　大乘寺本：但是迷人了然见性（无"曰"）

63. 法海本：赞言："善哉！善哉！普愿法界众生，闻者一时悟解！"

　　惠昕本：唯言："普愿法界众生，闻者一时悟解！"

　　大乘寺本：唯言："善哉！普愿法界众生，闻者一时悟解！"

64. 法海本：使君问和尚："在家如何修？愿为指授。"

　　惠昕本：韦公又问："在家如何修行？愿为教授。"

　　大乘寺本：使君又问："在家如何修行？愿为教授。"

65. 法海本：净性于妄中

　　惠昕本：净心在妄中

　　大乘寺本：净性在妄中

66. 法海本：色类自有道，离道别觅道，觅道不见道，到头还自懊

　　惠昕本：色类自有道，各不相妨恼；离道别觅道，终身不见
　　　　　　道；波波度一生，到头还自懊

　　大乘寺本：色类自有道，各自不相妨；离道别觅道，觅道不见
　　　　　　道，到头还自懊（无"波波度一生"）

67. 法海本：法元在世间，于世出世间；勿离世间上，外求出世
　　　　　　间。邪见在世间，正见出世间；邪正悉打却，〔即是
　　　　　　菩提见〕

　　惠昕本：佛法在世间，不离世间觉；离世觅菩提，恰如求兔角。
　　　　　　正见名出世，邪见是世间；邪正尽打却，菩提性宛然

　　大乘寺本：法元在世间，于世出世间；一切尽打却，菩提性宛
　　　　　　然（无"离世觅菩提，恰如求兔角。正见名出世，

邪见是世间")

68. 法海本：众人且散，惠（慧）能归漕溪<u>山</u>

惠昕本：众人且散，吾归曹溪

大乘寺本：众人且散，吾归曹溪<u>山</u>

69. 法海本：为汝破疑，<u>同见佛性</u>

惠昕本：为众破疑，各见本心

大乘寺本：为众破疑，<u>同见佛性</u>

70. 法海本：合座官寮（僚）<u>道俗</u>

惠昕本：时会僧俗

大乘寺本：时在会<u>道俗</u>

71. 法海本：且秀禅师于南荆<u>府</u>当阳县玉泉寺住持修行

惠昕本：且秀大师在荆南当阳县玉泉寺住

大乘寺本：且秀大师在荆南<u>府</u>当阳县玉泉寺住

72. 法海本：记取却来<u>与</u>吾说

惠昕本：尽心记取，却来说吾

大乘寺本：尽心记取，却来<u>与</u>说吾

73. 法海本：<u>半月中间</u>，即<u>至</u>漕溪山

惠昕本：经五十余日，到曹溪山

兴圣寺本：经五十余日，至曹溪山

大乘寺本：<u>经二十五日</u>，至曹溪山（"经二十五日"与"半月中间"更接近）

74. 法海本：<u>经上</u>无疑

惠昕本：经本无疑

大乘寺本：<u>经上</u>无疑

75. 法海本：<u>七卷</u>尽是譬喻因缘

惠昕本：十卷尽是譬喻因缘

大乘寺本：<u>七卷</u>尽是譬喻因缘

76. 法海本：迷却汝<u>性</u>

惠昕本：迷却汝心

兴圣寺本：迷却汝性

大乘寺本：迷却汝性

77. 法海本：于空离空，即是不迷

惠昕本：于空离空，即是内外不迷

大乘寺本：于空离空，即是不迷（无"内外"）

78. 法海本：上一处入

惠昕本：从一处入

大乘寺本：从上一处入

79. 法海本：世人心正，起智惠（慧）观照，自开佛知见

惠昕本：世人心正，常起智慧，观照自心，止恶行善，自开佛
知见（惠昕原本无"之"）

大乘寺本：世人心正，常起智惠观照，自开佛之知见（无"自
心，止恶行善"）

80. 法海本：心行转《法华》，不行《法华》转

惠昕本：心行即是汝转《法华经》，不行即是被《法华经》转

大乘寺本：心行转《法华》，不行《法华》转

81. 法海本：念念修行佛行

惠昕本：自今方修佛行

大乘寺本：念念愿修佛行

82. 法海本：时有一僧名智常

惠昕本：复有僧名曰智常

大乘寺本：复有一僧名曰智常

83. 法海本：汝自身心见

惠昕本：汝向自身见

兴圣寺本：汝向自心见（惠昕原本可能是"汝向自身心见"）

大乘寺本：汝向自心见

84. 法海本：作无所得

惠昕本：一无所得

大乘寺本：作无所得

85. 法海本：不在口诤

惠昕本：不在口角

兴圣寺本（包括契嵩本和宗宝本）：不在口争

大乘寺本：不在口通（繁体字"誦"与"諍"相近，可能惠昕原本字迹不清楚）

86. 法海本：又有一僧名神会，南阳人也

惠昕本：又玉泉寺有一童子，年十三岁，当阳县人，名曰神会

大乘寺本：又玉泉寺有一童子，年十三岁，南阳县人，名曰神会

87. 法海本：大师起，把打神会三下，却问神会："吾打汝，痛不痛？"

惠昕本：师以柱杖打一下，却问："汝痛不痛？"

兴圣寺本：师以柱杖打三下，却问："吾打汝，痛不痛？"（惠昕原本无"还"）

大乘寺本：师以柱杖打三下，却问："吾打汝，还痛不痛？"

88. 法海本：神会答言："亦痛，亦不痛。"

惠昕本：对云："亦痛，亦不痛。"

大乘寺本：答曰："亦痛，亦不痛。"

89. 法海本：所以亦见亦不见也

惠昕本：是以亦见亦不见

大乘寺本：所以亦见亦不见

90. 法海本：大师遂唤门人法海、志诚、法达、智常、智通、志彻、志道、法珍、法如、神会

惠昕本：尔时，师唤门人法海、志诚、法达、神会、知常、智通、志彻、志道、法珍、法如等

兴圣寺本：尔时，师唤门人法海、志诚、法达、神会、智常、智通、志彻、志道、法珍、法如等

大乘寺本：尔时，师唤门人法海、志达、神会、智常、智通、志彻、志道、法珍、法如等

91. 法海本：<u>三六十八</u>

    惠昕本：三六一十八

    大乘寺本：<u>三六十八</u>（无"一"）

92. 法海本：<u>恶用即众生</u>，善用即佛

    惠昕本：恶用即众生用，善用即佛用

    大乘寺本：<u>恶用即众生</u>，善用即是佛（无"用"）

93. 法海本：用由何等？<u>由自性</u>

    惠昕本：用由何等？由自性有

    大乘寺本：用由何等？<u>由自性</u>（无"有"）

94. 法海本：<u>有为无为对</u>

    惠昕本：有与无对

    大乘寺本：<u>有为无为对</u>

95. 法海本：自性<u>上说空</u>，正语言<u>本性不空</u>

    惠昕本：（无）

    大乘寺本：文字<u>上说空</u>，<u>本性不空</u>

96. 法海本：<u>递相教授</u>一卷《坛经》

    惠昕本：以《坛经》递相教授

    大乘寺本：<u>递相教授</u>《坛经》

97. 法海本：如<u>今得了</u>，递代流行

    惠昕本：汝今已得法了，递代流行

    大乘寺本：<u>汝今得了</u>，递代流行

98. 法海本：得遇《坛经》者，如见吾亲授

    惠昕本：后人得遇《坛经》，如亲承吾教

    大乘寺本：后人得遇《坛经》，如亲见吾教示

99. 法海本：<u>大师先天元年</u>于蕲州国恩寺造塔

    惠昕本：大师以先天元年，于新州国恩寺造塔

    大乘寺本：<u>大师先天元年</u>于新州国恩寺造塔（无"以"）

100. 法海本：吾至八月欲<u>离</u>世间

     惠昕本：吾至八月欲辞世间

兴圣寺本：吾至八月欲离世间

大乘寺本：吾至八月欲离世间

101. 法海本：吾今共汝等别

惠昕本：共汝相别

大乘寺本：今共汝别

102. 法海本：此顿教法传受（授），从上已（以）来至今几代

惠昕本：此法从上至今，传授几代

大乘寺本：此法从上至今，传受几代

103. 法海本：优婆掬多

惠昕本（包括契嵩本）：优婆毱多

兴圣寺本（包括德异本和宗宝本）：优波毱多

大乘寺本：优波掬多

104. 法海本：佛陁难提

惠昕本：佛陀难提

兴圣寺本：佛陁难提

大乘寺本：佛陁难提

105. 法海本：毗罗长者

惠昕本：毘罗尊者

兴圣寺本：毗罗尊者

大乘寺本：迦毗罗尊者

106. 法海本：今日已（以）后，迎（递）相传受（授）

惠昕本：汝等于后递相传付

大乘寺本：汝等于后递相传授

107. 法海本：汝听，后代迷人但识众生

惠昕本：汝等听之，后代迷人若识众生

大乘寺本：汝听，后代迷人若识众生

108. 法海本：汝听，吾与汝说

惠昕本：吾与汝说

大乘寺本：汝志心听，吾与汝说

109. 法海本：<u>山崩地动，林木变白，日月无光</u>，风云失色
　　　惠昕本：感地动林变，白日无光，风云失色
　　　大乘寺本：感得<u>山崩地动，林木变白，日月无光</u>，天地失色

五、杨曾文《〈坛经〉演变示意图》

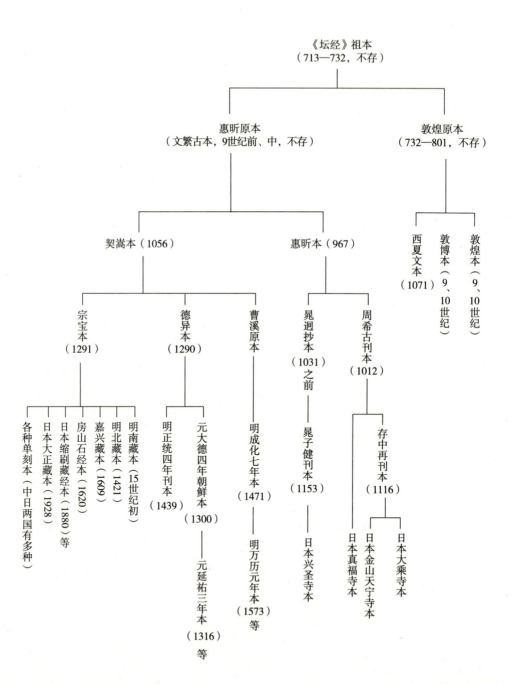